へたな旅

牧野伊三夫

二〇一二年 伊三夫

亜紀書房

へたな旅

目次

旅

たべもの、あれこれ

お酒と銭湯

旅

すきな旅

列車に乗って、それも特急ではなく各駅停車で、行先も決めずに出かけていくような旅が自分には合っている。座席指定の切符を買って乗り遅れないようにしなければ、とか、飛行機でまっすぐ、早く目的地へ向かうなどということが、昔からどうにも苦手なのである。船旅なんかでも、個室よりも二等船室で知らない人たちとごろごろしている方が楽しい。もちろん安いということも、絵描きという不安定収入の僕にとってはありがたい。特別なサービスなどなくとも、窓の開く電車で、缶ビールなどのんで、車窓の景色をぼんやり眺めているだけで、十分

心が満たされるのである。

　そうやってどこか適当な街で列車を降り、公衆浴場でも温泉でもかまわない、お湯につかって、うまい酒をのむ。そんなことばかり夢想している。まったく単純なものだ。もしかしたら旅というのは、どこかへ酒をのみにいくことなのかもしれない。たまに車で旅に出ることもあるが、移動中酒がのめないのが窮屈で、肩がこってぐったりと疲れてしまう。そして、お勤めの方々には申し訳ないが、週末や連休などの混みあうときに出かけることは、まずない。話題のレジャー施設などを目指して行くこともない。自分の旅は、いつも表通りではなく裏通りにあるような気がする。

　仕事柄、いつでも画具をカバンにつめている。が、もともとアトリエにこもって疲れた心を開放するために旅に出るのである。絵を描くなどというのは、こうしてだらだらと各駅停車に乗り、湯に入り、酒を楽しんでからの話である。景勝地を描くためにに出かけたことなど、これまで一度もない。そもそも、絵というのは画家の内面に在るものだ。いかに素晴らしい景色であろうと、他人が価値を定めたような世界を追いかけて描いたところで、うすっぺらい絵ができあがって落ち込むだけである。いつでも、いきあたりばったり。偶然出合って心を動かされた景色や人などを描く。

旅先での宿の選び方は、そのときどきの旅によってかわってくる。箱根の富士屋ホテル、日光の金谷ホテルなど、山のなかの大きなホテルに泊まるときは、街を歩きまわったりせず、ホテル内のレストランやバーで食事をしてすごす。でも、それはたまのこと。僕の場合、旅といえば街中をぶらぶら歩いて共同浴場へ行ったり、夜の繁華街をのみ歩いたりすることがなによりの楽しみなので、夕食なしで泊まれる気安い宿を探すことがほとんどだ。取りつくろったような壁紙が貼られ、窓も開かず、除湿器を備えたような新しいホテルはどうにも淋しく、自然、昔ながらの落ち着いた佇まいの風通しのいい宿を探す。古いながらも掃除が行き届き、うまい味噌汁の朝食が出て、窓からの眺めもよい。そんな宿であれば、言うことはない。もうひとつ、いい「気」が流れていて、ぐっすりと眠れる宿だということ。実は一番大事なことなのかもしれない。でも、これぱかりは、一度泊まってみないとわからないことである。

気に入ると、何度も泊まるようになり、そのうち宿のなかで好ましい部屋も定まって、いつもその部屋を指定するようになる。盛岡の「北ホテル」、松本の「まるも旅館」や「ホテル花月」、博多の「冷泉閣ホテル」、別府の「山田別荘」などは、いつしか常宿になってしまった。通ううち、宿の人に顔を覚えてもらえるのもうれしい。

出発の日

高校を卒業した年の春、僕は小倉駅から寝台特急に乗って上京した。行先は、東京の美術大学の寮。生まれ育った小倉を離れて暮らすのは、初めてのことだった。もう四十年も昔の話。出発の数日前、台所で母が、こんなにつらい思いをするなら東京の学校に行かせるんじゃなかった、と背を向けて声を震わせたことが、いまもわすれられない。出発の日、親兄弟と友人たちが小倉駅のプラットホームまで見送りに来てくれた。僕は、つとめて陽気に手をふっていたのだが、扉が閉まるとたんに心細くなって、窓ガラスに顔をつけ、みんなが小さくなるまで見ていた。カバンの中の、とてもひとり分とは思えぬ量の母の弁当が重かった。

東京までは新幹線も飛行機もあったが、僕には夜空の下を十八時間かけて走っていく在来線の寝台特急の方が魅力的であった。中学生のときに、かつて旅行会社に勤めていた父に時刻表の見方を教わり、鉄道旅行にとても心惹かれていたのだ。列車の乗り継ぎを調べたり、はみだしに記載された各駅の駅弁などをみたりするだけで、もう旅をしている気分になった。

しかしその当時、富士、さくら、みずほ、はやぶさと四本あった小倉駅を発着する寝台特急は次々と姿を消していった。いよいよ終わりの頃は、富士とさくらが連結され、小倉駅を過ぎると切り離されて長崎、鹿児島方面に分かれて走るようになっていた。もうその頃は空席が目立ち、楽しみのひとつであった食堂車も消えていたが、僕は無くならないで欲しいと祈りながら、最後まで乗り続けた。

寝台特急が関門海峡をくぐり、門司《もじ》で機関車を付けかえる間、列車から降りて体をのばし、外の空気を吸うときの、あの時間はなんとも言えぬ旅情が味わえた。そして、いよいよ小倉駅のホームで「こくら」という文字を見ると、「こくらだ！　こくらだ！　こくらに着いたぞ！」と胸が高なって声を出した。夜をまたがない新幹線には、この味わいはない。

いまも小倉駅に到着すると、在来線の門司、下関方面の七、八番線のホームへと向かい、立ち食いの「かしわうどん」をすすり、小皿のにぎりめしをほおばる。九州人は麺と一緒に、にぎりめしを食うのだ。寝台特急はとうとう無くなってしまったが、このうどんの味に郷愁がこみあげてくる。そして、もうずいぶん昔のことであるのに、あの出発の日に思いを馳せるのだ。

時刻表

僕の父は、高校を卒業すると、北九州市の小倉駅前にあった日本交通公社（現JTB）に就職して働きながら、市内にある大学の夜学に通った。本当は就職をせずにもっとランクが上の大学へ通いたかったらしいが、家に金が無かった。行きたい大学に合格するだけの十分な学力はあったが、家の近くの大学へ通うことにした、という話は耳にタコができるくらい聞かされた。

会社では、大卒よりも待遇はよくなかったが、負けたくないと思っていたから、他の社員たちよりも早く出社をして、社内の机をふいてまわっていたらしい。ときは昭和三十年代、日本は高度経済成長の頃で景気は右肩あがり、会社は大忙しだった。父が修学旅行などの団体旅行の引率をして、九州から北海道まであちらこちらを旅した写真が家の古いアルバムの中にある。まだ九州まで山陽新幹線が通じていない時代で、多くは夜行列車の旅だった。

長男であった父は母と結婚後、しばらくして会社を辞め、祖母がやっていた食料品や日用雑貨を扱う「牧野商店」というよろず屋のような小さな店をひき継ぐことになった。その後、次第に店を拡張してスーパーマーケットの経営をはじめ、僕はその頃に生まれた。東京でオリンピックが開催された一九六四年である。

父は会社に勤めていたとき、小倉駅から主要な駅までの鉄道の距離をすべて暗記していた。これは、鉄道の旅客運賃を距離に比して割り出すために覚えたらしい。もう八十をとうに過ぎているが、つい最近まで駅名を言うと、ぱっとそこまでの距離を答えることができるのには驚かされた。家には、いつも大きな時刻表があり、とくに旅に出る予定もないのに、父はそれをよくめくっていた。指を湿らせ、ごくうすい紙のページをパシッ、パシッ、という小気味いい音をたてて指でめくる手つきは実にあざやかだった。小学生だった僕は傍らでその様子を見ていて、この分厚い本に一体何が記されてあるのか気になっていた。

あるとき父が見方を教えてくれ、そこに列車の発着の時刻だけでなく、列車番号や、駅への入線時刻、駅間の鉄道距離、名物の駅弁当まで、鉄道に関するあらゆる情報が細かくもりこまれていることを知る。父は得意になって、ひとつひとつ丁寧に教えてくれ、たとえば熊本まで行くのにはどうやって列車を乗り継いでいけばよいか、そして、その料金を割り出せ、などという宿題まで出した。「無賃送還」というルールが鉄道会社にあることも教わった。これは、行先までの切符を買って列車に乗り、降りるべき駅をうっかり乗り越してしまったら、目的の駅まで無料で折り返せるというもの。ホームから出ないことが条件である。時刻表には、ディーゼルと電車の違いや、寝台特急の等級、その料金、食堂車の位置までも記されていた。以来寝台特急に乗って食堂車で食事をすることは憧れとなり、中学になって初めて東京行きの「みずほ」に乗ったときは、うれしくてとびあがった。誌面には旅の特集記事や日本観光連盟おすすめの宿の広告などが掲載されており、見ているだけで、旅をしている気分になった。思えば、この時刻表の見方を父に教わったことが、僕の鉄道旅行好きのはじまりである。

高校生になった頃、その時刻表を見て綿密に計画を立て、小倉から唐津の七ツ釜まで旅をした。これは僕のはじめての一人旅で、いまもよくおぼえている。本屋で『たびんぐ』というポケットサイズのガイドブックを買い求めた。そして小倉駅で駅弁当と、今は無くなってしまったが、L字の形をした器に熱い湯が入ったティーバッグ付きのお茶を買って一人列車に乗った。窓を開け、顔に風を受けながら、時刻表とガイドブックだけをたよりに、ひとりで知らない場所へ旅することの不安と解放感が入り混じって心が宙に浮いたような感じがしていた。

時刻表の地図のなかの線路がまるく輪になっているところがどんなふうになっているのか確かめに、小倉から熊本まで鉄道の旅をしたこともある。熊本の八代《やつしろ》駅と鹿児島の隼人《はやと》駅を結んでいる肥薩《ひさつ》線の途中、大畑駅というところである。鹿児島本線の八代駅で肥薩線に乗り換えると、列車はディーゼルエンジン音を轟かせて急な山の斜面をのぼっていく。輪になっていたところは、列車を前へ走らせたり、後へ走らせたりしてジグザグに険しい山の斜面を登るスイッチバックになっていた。僕は、よくぞ、こんなところに鉄道を作ったものだと思った。この列車には座敷があって、車中で寝転んでいられた。山を登っていくと視界が開けるところがあり、列車が止まって、はるかむこうに望む山並みは霧島連山である、という車内アナウンスがあった。そののどかな雰囲気をいまも懐かしくおぼえている。この旅の途中、人吉《ひとよし》駅で買った栗飯弁当はうまかった。

ふらり、甲府まで

春先、甲府の街から、富士山と甲斐駒ヶ岳の二つの名峰を望むことができる。富士山は甲府盆地を囲む山々の稜線に白い帽子のように頭を出している。甲斐駒ヶ岳は、街並みのむこうに白い岩の塊のように神々しく輝いている。地元の友人にどちらの山が好きかと尋ねると、迷うことなく甲斐駒ヶ岳だと答えたが、旅人の僕は、どちらの山もいいなと思う。

甲府へは、中央線の朝の通勤通学のラッシュが終わる頃、普段着でちょっと隣の町までという気安い気分で出かけていく。東京の自宅近くの国分寺駅から二時

甲府城跡から描いた甲斐駒ヶ岳。

間半、各駅停車に乗ってのんびりと向かう。カバンに文庫本を入れていくが読むことはない。ただボンヤリと車窓から山の景色など眺めている。

アトリエでの仕事が煮詰まったときなど、ふと甲府へ行って温泉につかり、どこかで一杯やりたいなと思う。到着すると駅前にある武田信玄公の銅像にごあいさつ。この街をつくった武将だ。それから六曜館にコーヒーをのみにいく。古道具屋を営むご主人が経営するこの店は、外壁が蔦に覆われていい風情を漂わせている。店内も落ち着いた民芸調のつくりだ。そして手作りの焼き菓子が、また洒落た味。ここで一息ついて、ママと話をすると、ああ、甲府へやってきたなと思う。

そして、まずお湯へ行く。甲府駅周辺には、草津温泉、褐色の湯の遊亀《ゆうき》温泉など、良質の温泉の公衆浴場がいくつもあり、朝から営業しているところもあって地元の人たちが風呂桶を持ってやってくる。僕がよく行くのは、新婚時代の太宰治が通ったという喜久乃湯。脱衣場に古めかしい木製のロッカーがあったり、懐かしいタイル貼りの湯船があったり、太宰が通った当時の趣きがそのまま残っている。まだ外の明るい時刻に湯に入っていると、いつしか日常から離れ、旅人の気分にひたっていく。

湯からあがると二階の広間でひと眠りする。それからまっすぐに酒場へと向かう。行先は、もつの串を食べさせる老舗の「どてやき下條」。午後三時に開店するとすぐに満席となり、大鍋いっぱいに仕込まれたもつの串が次々となくなっていく。この鍋が空になったら、閉店である。いつだったか、五時を少しまわった頃に、もう店の片づけをはじめていたこともあった。焼酎を白葡萄酒で割る「ブーチュー」という酒があるが、こんなところに甲府らしさを感じる。昔ながらに、煮汁のついた串をつまんだ指をぬぐうための新聞紙を切った束が置いてあり、こうした気安い雰囲気に酒がますますうまくなってくる。まったく甲府の人

ホテルの窓から描いた朝の富士山。

は、朝から温泉に入って、こんな早い時間から酒をのんで、一体いつ働いているのだろうか。わからないが、ふらりとやってきて、そこへ混ざって過ごすのは、なんとも愉快である。さらに二軒、三軒と酒場をはしごするうちに、すっかり酩酊して、帰りの電車に乗って国分寺で下車する自信がなくなる。それで、いつも帰るのをあきらめて、安宿に空き部屋がないかたずねてまわる。

松本を想う

絵を描くといったって、もともと家にじっとしているのが好きでない性分で、日がな一日アトリエにこもっていると、どこかへ遊びに行きたくて仕方がなくなる。若い頃は、なおさらだった。もちろん描くのが楽しくてやめられないときもある。がしかし、そういうのはたまのことで、お天気のよい日などは、たいがい、どこか山の温泉で酒をのんで、ごろごろしていたいなどと、金もないのにそんなことばかり考えていた。

僕がたびたび松本へ通うようになったのは、三十代のはじめ頃である。そのときまで、僕は松本の街のことを、まったく知らなかった。個展を間近にひかえ、遊びたいのを我慢して、休みもなく、悶々とカンバスに絵具をのせていたある日の夕方、気晴らしに国分寺駅前へ酒をのみに行き、ふと電車に乗ってみたくなった。それで各駅停車にとび乗り、車窓の景色をボンヤリと眺めていた。一日、カンバスとにらめっこばかりだったから、景色が動くだけで愉しくて仕方がないのである。気のすむまでこうしていようと電車を乗り継いでいると、夜更けに松本に到着した。家に帰って晩ごはんを食べるつもりだったから、サンダルばきだったかもしれない。途中でポケットウィスキーを買ったような気もする。その晩一泊して、翌朝、駅前の「無伴奏」という喫茶店へ朝食を食べに行くと、喫茶室の傍らの小さな画廊に日和崎《ひわさき》尊夫《たかお》の木版画が展示されていた。感動した僕は、欲が出てきて、足の向くまま街を歩きはじめた。

街なかを流れる女鳥羽《めとば》川の、なんと澄んでいることか。「ヒカリ食堂」や「本

千歳橋から描いた女鳥羽川。

郷食堂」などの昔ながらの大衆食堂や、「中劇シネサロン」という小さな映画館の佇まい。川畔に「まるも」という喫茶店を見つけ、そこで民芸調の家具に囲まれ、クラシックのレコードを聴いていると、もう東京に戻りたくなくなった。そのとき店にいた立派な髭の老紳士が、松本を音楽と民芸の街にした新田貞雄だということは、ずっと後に知った。それから何泊したであろうか。「塩井乃湯」という古風な銭湯や、「エオンタ」という料理がおいしい本格的なジャズバーなども見つけ、ますますこの街が好きになる。

縄手通りは、まだ建てかわる前だった。そこに「柿の木」という居酒屋があった。実はそのとき僕は、店の屋号と同じ「柿の木」という画文集を自費出版したばかりで、東京の本屋に取り扱いを頼んでまわっては、門前払いをくらっていた。縁を感じて、画文集を置いてもらおうと暖簾をくぐったが、入ってすぐに、それがどれほど無謀であったかとわかる。狭い店内で肩を寄せ合うようにのんでいる常連たちを前に、一見の客が画文集の売り込みなど、とてもできる雰囲気ではなかった。そもそも画文集も手元にない。あきらめて酒をのんだが、帰り際に、無視されるのを覚悟でちらりと画文集の話をした。すると、なんと店主が「一冊買うよ」とお金を渡してくれたのである。あまりのことに、僕は涙が出そうになった。そんなことがあって、僕は松本へ行くと、必ず「柿の木」へのみに行くようになった。店主の丸山隆一郎さんは昔、千葉の高校で国語の教師をしていたらしい。店のなかにあるラジカセでは、地元の中学の合唱コンクールを録音したテープをかけてくれたが、僕はそれを聴きながらのむのが好きだった。この店で、「女鳥羽川を守る会」の会員になると、丸山さんは、東京に会報を届けてくれるようになった。

絵を描くのに疲れて、ふらりと各駅停車で出かけていくのは、今もそのころと変わらない。あるとき、都内の画廊で安曇野の牧場で牛の世話や作陶をしている

松本の通り。旧白鳥写真館近く。右奥に、今はなき本郷食堂があった。

金井三和さんと知り合い、一緒に美術同人誌の活動をするようになってからは、ますます松本へ遊びに行くのが楽しくなった。そういえば、彼女の家の牧場で牛の絵を描かせてもらったこともあった。いつも平出酒店の角打ち「スタンディング8オンス」か、彼女がよく展覧会をする喫茶店の「ガルガ」などで待ち合わせて、たわいもない話をしている。

目をつむり、松本の街を思うと、そこにはいつも澄んだ女鳥羽川の流れと蒼い山々の景色、友だちと好きな店がある。そうやって僕は、アトリエで絵を描いている。

きゅうりと、なすは、ともだちです

早春、飛騨高山へ行こうと思いたち、電車で向かう。コロナが流行っていた頃で仕方のないことだったが、マスクをして旅に出るなどというのは、初めてだ。

コロナ禍では、一度、個展のために都内の画廊まで絵を持っていっただけで、あとは恐ろしくてずっと家にいた。アトリエの片付けをして、花瓶に生けた花を描いたり、古いスケッチをとり出して記憶をたよりに絵を描いたりしていたが、思えばこうしてゆっくりと過去を振り返ったことはなかった。過去の記憶の集積が、いまの自分である。そう考えると、これはこれで、自分の絵のために必要な

高山市内を流れる江名子川。鷹の湯近く。

時間であったろう。誰かに、このへんでひと息つけと言われていたのかもしれない。それは、山登りの途中で、丸太の上に「よっこらしょ」と腰かけてキャラメルを舐めながら、遠く山々を眺めているときの気分と似ている。

そう思いながらも、朝起きていい陽気だったりすると、どうにも旅に出かけてみたい日もあった。行けもしないのに、時刻表で電車の乗り継ぎを調べたりなどして、ああ、あそこの宿に泊まって、外も明るいうちからのんびり温泉につかり、あの店で一杯やろう、などと旅する自分を夢想した。その旅先のひとつが飛騨高山である。

江戸時代の古い街並みを残す世界的な観光都市であるこの町に、僕はこれまで観光で訪れたことは一度もない。十年ほど前から、東京でデザイナーをする友人の富田光浩君に誘われ、この町にある飛騨産業という家具メーカーの広報誌の仕事をするようになり、たびたび通うことになったのだ。

高山では、いつも「旅館かみなか」という同じ宿に泊まる。この宿に泊まり、喫茶店や酒場を訪ねるのが楽しみなのである。僕が好きな場所は、町はずれの銭湯へと続く小道だったり、病院や学校が建つ生活感ある住宅地、地元の人が一杯やりにくる小さな酒場だったりする。こういう店へ行くと、甘いたれに浸した鶏肉を焼いて食べる「けいちゃん」、懐かしい赤色をした「なもちゃんウィンナー」、豆腐を簀巻《すま》きにした「こも豆腐」などの家庭料理が出てくる。あまり知られていないが、町なかには造り酒屋が七軒もあり、山の奥深くにある町なのに、富山湾が近いから魚介もとてもうまい。

まだ高山に通いはじめて間もない頃のことだった。町はずれの暗がりに「東海道」という名の、戦後に未亡人となった女性たちを救済するためにつくられた狭い店が軒を連ねる一角があり、酒場を探して歩くうちにそこへ辿り着いた。どの店も、小田原、大磯、由比など、東海道沿線の地名を看板にしていて、そこに赤坂をもじった「レッドヒル」という店があった。入り口にペンキを塗りたくった彫刻などが置かれ、ピンクやイエローの豆電球を灯した、いかにも怪しげな店である。飛び込むと、店の奥へと続くカウンターのなかに、赤ドレスを着た長い髪の巫女のようなママが一人いて、東南アジアで祭器として用いられているような奇妙なお面が、暗がりにぼうっと飾られていた。とんでもない店に迷い込んでしまったと思った。とても観光客が来るような店ではなかったので、僕と同行の富田君はひどく浮いていたはずだ。そのうちママから、高山に何をしに来たのかとやんわり聞かれた。僕たちが仕事をする飛騨産業は、地元ではよく知られた会社である。何か迷惑がかかってはならないと思った僕は、とっさに、自分は詩人で、詩を詠みながら全国を旅しているのだ、とウソをついた。その瞬間、隣でのんでいた人たちもこちらを振り向いて、「詩人！　有名な人ですか」ときた。酔っていい気分だった僕は、そうだと首をたてにふり、いかにも思慮深いかんじで一句詠んでやろうと咳ばらいをしてみせた。すると巫女がマジックと紙を僕に手渡した。えらいことになったなと思ったが、表情をくずさず、落ち着いて、うむっと短く咳ばらいをした。ややややややゃぁっと、いかにもどこかから言葉が降ってきて、精神が高揚したかのように奇声を発し、いきおいよくこう書く。

「きゅうりと、なすは、ともだちです。関門春男」

「私は、関門といいます」もったいつけて渡すと、彼女は目を泳がせて、噴き出しそうなのをこらえながら、素晴らしい句ですね、とまじめな顔をしてお礼を言った。その様子に僕は、ママが、実はとてもいい人なのだと分かった。その後通うようになったが、行くたびママは僕を「ウソつき詩人」と呼ぶ。

飛騨高山への行き方は、いくつかあるが、いずれも険しい峠を越えなければならない。今回は松本で鉄道からバスに乗り換え、乗鞍《のりくら》岳から連なる安房《あぼう》峠を越えていくことにした。東京は桜が咲き始めていたが、高山では春は遅いため、ひな祭りが東京より一か月遅い四月三日に行われる。そして、五月になると梅と桜が同時に咲いて一気に春がやってくる。盆地だから、朝晩はぐっと冷え、きっとまだ寒いだろうと、押し入れから登山用の厚手の靴下をとり出したが、毛玉がいっぱいついていたので、行きの特急列車で毛玉とりをしながら向かった。

松本からバスに乗って上高地の入り口あたりまで来ると、あたりは雪景色に変わった。トイレ休憩で立ち寄った平湯のバスターミナルは、いつもなら大勢の観光客の姿があるが、コロナの影響で閑散としていた。その様子を見て、観光にたよる高山は大丈夫だろうかと心配になる。やがて山を下り高山に到着すると、雪はすっかりなくなった。久しぶりに見る街並みだった。

バスを降りると、いつものように「ちとせ」に名物の焼きそばを食べにいく。太い麺にイカと豚肉、目玉焼きをのせたこの店の焼きそばを食べるのが楽しみなのだ。こういう高山にしかない味はほかにもある。「なかつぼ」のもやし入りワ

喫茶「Don」。ここで名物のドーナツを注文して、ゆっくりと朝のコーヒーを飲むのが高山での楽しみのひとつ。

ンタンメンと、小ぶりでカリカリと香ばしい串カツ、店でひとつひとつ愛情を込めてにぎる「こびしや」のおにぎり、「大黒屋」の新鮮な山菜が山盛りのとろろそば、「一茶」のとろろ入りの漬物ステーキ、「喰らぶ」の懐かしい味のトマトソースのハンバーグ、「あんらく亭」の魚料理、喫茶「Ｄｏｎ」のドーナツなど、どれも来たら食べたくなる。

「旅館かみなか」の女将さんは、コロナでお客が来ないと嘆かれていたが、お元気だった。ひとまず荷を宿に預けて部屋でひと休みさせてもらうことにしたが、そのとき、僕のジャケットのボタンがひとつ割れていることに気がついた。近所のタバコ屋でボタンを売っているというので、本当かと思いながら行ってみると、確かに売っているのだった。そのボタンを女将さんが親切に付けてくれた。

夜は、久しぶりに「洲さき」へ行く。ここは古くから高山の旦那衆たちが守ってきた格式のある料亭で、すみずみまで掃除がいきとどいた部屋にも廊下にも凜とした空気が漂っている。料理は、地元の釣り師が釣ってきたという焼き鮎、料理人がひとつひとつ包丁で季節の花を彫りこんださつまいものレモン煮など、手のかかったものばかり。江戸時代天領であった頃から高山で守られてきた味だ。ずいぶん久しぶりだというのに、「久寿玉《くすだま》でございましたね」と、女将さんが好みの酒の銘柄をおぼえていてくださったのは、うれしかった。

ちょうど陽が落ちる頃で、僕は我儘を言って、窓の自然の光だけで酒を愉しみたいと電灯を消してうす暗くしてもらった。きっと江戸時代の人たちもこうして、電気のない薄暗がりのなかで酒をのんでいたであろう。そんなことを思いながら、静かに盃に口をつけていると、そのうちすっかり日暮れて手元がわからなくなってきた。そろそろ明かりをつけてもらわなければ、と思っていたところに、女将さんが、燭台に和蠟燭を灯してやってくる。以前、停電があったときに使ったものらしい。小さな光が天井を照らし影がゆらゆらと揺れるのだが、その様子は実に趣きがあった。そのわずかな明かりにだんだんと目が慣れてきて、庭の松越しに暗くなっていく空をみて酒をのんでいた。旅に出られない日々のなかで、こうやって「洲さき」でのむことを、何度思ったかしれない。

僕は自分の故郷でもないのに、なぜかこの町に来ると懐かしいような気持ちになって、落ち着く。観光名所となっている江戸時代の古い町並みが残されているからではない。長くこの町に通ううち、子供の頃、郷里の九州の街にあたりまえにあった、なんというのだろう、素朴でおおらかな心、とか、恥じて赤面するような奥ゆかしさにふれたからだ。深い山の盆地の町で、昔の日本人の無垢な心が温存されているようだ。

高山では旅の終わりに、「とらや」の草饅頭を買いに行く。日持ちしないのでいつもは六個入りを買うのだが、久しぶりの高山で、次はまたいつ来られるかわからない。それで十五個入りを買って帰ることにした。

かわりゆく富山の街で

富山駅に降り立ち、風景を眺める。新幹線が通じて新しくなった駅。駅前はコンクリートとガラスの無機質なビル群に変貌し、ついこのあいだまであった「シネマ食堂街」の横丁が消えている。

駅の近くにあった立派な唐破風《からはふ》造りの「観音湯」も取り壊されて駐車場になってしまった。あの銭湯は富山での愉しみだったのにな……。これでは新幹線が通じて便利になってもプラスマイナス、ゼロではないか。いや、少なくとも僕にとってはマイナスである。地元民でもない自分は、富山駅前の景色についてとやかく言う立場にないが、あまりにも寒々しい景色に絵筆は凍てついてしまった。北陸の町へやってきたという旅情が湧いてこない。なんと淋しい景色だろうか。

そこへ、敷石の軌道に、ガタンゴトンと懐かしい音をさせて路面電車が走ってきて、ほっとする。僕はただの懐古主義者だろうか。それとも、世の中に置いてけぼりにされた老人になってしまったのだろうか。このような人間の体の大きさとかけ離れ、肉声の届かないビル群の景観のなかに、僕は描くべきものを見つけることができなかった。街の景観から人の営みが消えていくほど、道行く人々の顔からも表情がなくなって、だんだんと人間の存在が小さくなっていくように思う。

その駅前の新しいビルの傍らに、忘れ去られたかのように、「くすり売り」の彫刻がひっそりとあり、新しく造られた噴水の飛沫をあびて濡れていた。僕は、この彫刻に富山の心を感じとり、傍らにはいつくばって、画具を取り出して描い

（左）今はなき観音湯。撮影／著者
（右）富山駅前で富山の薬売り親子像を描く。撮影／尾﨑太

た。

こうして街が変貌する一方で、地元で富山らしさを失いたくないと活動をしている人たちがいる。その一人である荒井江里さんに会いに来ていた。

江里ちゃんは、東京の会社で本の編集の仕事をしていたが、富山出身の夫が家業を継ぐため、結婚後は一緒に富山に移って暮らしている。もともと本を作るのが好きな彼女は、知り合いのいないこの町で、ただひとり好きな場所を訪ねて取材し、コピー機で小冊子を作ったりしていた。地元で何か面白いことをやりたくて仕方なかったらしい。彼女と初めて会ったとき、富山名物のカレーライスを作る話になって、僕は冗談半分にそのスケッチをした。ごはんを富山にそびえる立山連峰の形に山盛りし、富山湾に見立てたルーに特産のホタルイカを泳がせるというものだったが、彼女はそれを本気で再現したいと、東京の僕のところへ連絡してきた。その後、できあがったカレーは地元自治体主催のカレー屋台の催しで一緒に販売することになり、それから七年たった今年、その催しがまた行われるというので、あらたにカレーの試作をすることになったのだ。

江里ちゃんは、自分で焼いたパンを出す店をはじめるらしく、カレーライスの試作は、そのできたばかりの店の厨房で行った。到着すると、すでにごはんが炊け、カレールーの味を整えるところまで準備され、うまそうな香りがしていた。二歳の長男の岳彦君も一緒だ。さっそく厨房に入ると、「これ、茹でておいたんだけど」と江里ちゃんが、雷鳥に見立て、ごはんにのせることになっていたうずらの卵を差し出した。僕らは、富山湾のルーにホタルイカが泳ぎ、立山連邦のめしのうえで雷鳥が遊ぶ、そんなカレーライスをつくるつもりだった。子育ての傍ら、こうして料理をつくるのが愉しくてたまらない様子である。僕は一緒に試作をしながら、あのとき思いつきで描いた一枚の絵が、こんな時間をつくり出せてよかったと、ふり返っていた。

富山地方鉄道株式会社の路面電車。富山電気ビルディング付近。

島ちゃん

僕が富山に通うようになったのは、二〇一三年にこの町で行われた「ブックデイとやま」という青空古本市に招かれたことがきっかけだった。

古本市の催しで、僕が長年、画家の仲間たちと発行を続けている美術同人誌について話をしてほしいと依頼があったのだ。その古本市の実行委員のなかに、島倉和幸君という、中心的に活動していた人がいた。黒ブチの太いフレームをかけた、いかにも本好きという感じで、気難しそうな雰囲気を漂わせていた。古本市の前に実行委員の人たちとビルの地下にあるバーで打ち合わせしていたとき、自分が話すことが地元でどう生かされていくのかを尋ねた。このころ、こういった催しが全国各地で行われては、自分たちだけで盛り上がり、虚しく消えていくこ

「ブックデイとやま」の仲間たち。右端が、島倉和幸君。

とを知っていたのだ。しかし、彼らにはとくに考えもないようであった。

「こういう自己満足のお祭りに付き合わされてはかなわない。俺は来ないよ」

気まぐれな依頼の仕方に腹が立ち、少し酒も入っていたせいか、僕はむっとして言った。偉そうだと思ったが、せっかくやるならば、それをきっかけに地元で何かはじめてもらいたかったのだ。いきなりそんなことを言われ、当然ながら実行委員たちは、気まずい空気に沈黙した。もっと言い方があったかもしれない。が、そのまま僕は席を立とうとした。そのとき、

「気に入りました」

と、その島倉君が、ぽつりと言ったのである。一体、なにが……。僕は彼のことが気になりはじめた。普段はどんな仕事をしているのかと尋ねてみると、

「僕は、あのう……。吟遊詩人なんです」

ときたので、おもわず噴き出した。僕は、こういう洒落っ気のある人が、どうにも好きなのだ。島倉君は、僕と同じことを思っていた。その夜は、ずい分遅くまでのみ歩き、僕らは一夜にして友だちになった。

僕は富山へ行くと彼に連絡をして一緒に酒をのむようになった。島倉君は、県立高校の国語教師を辞めて、フリーランスで映像関係の仕事をしていたが、とき

どき自治体の仕事も手伝っていた。富山の歴史や産業のことをよく知っていて、聞くとなんでも親切に教えてくれ、彼が案内してくれる店は、どこも実に渋かった。彼の一番のお気に入りは、駅前の、かつて戦後の闇市があったあたりの薄暗いビルの一階で赤提灯を灯していた「初音」という居酒屋。入り口に所狭しと魚屋の発泡スチロールが積んであり、得体のしれない雰囲気が漂っている。まず間違いなく自分は入らないであろう。しかし、ここは地元の酒のみたちが集う富山の宝物のような店なのである。島倉君はすっかり常連で、僕は彼にすすめられるままに注文をして酒をのんだ。日替わりで地元の珍しい魚介を出し、天井から白い布にくるまれ吊るされた柚餅子は甘くない塩味のもので、薄く切って肴にすると酒とよく合った。柚餅子といえば、土産物屋で売られる甘いものしか食べたことがなかったから、こんなにうまいものかと驚いた。のみながら馬鹿話ばかりしていたが、いつしか僕は彼のことをすっかり信頼するようになり、「島ちゃん」

と呼ぶようになっていた。

いつだったか、飛騨高山への出張の帰りに富山に寄ったときのこと。電車の乗り換えに数十分しか時間がなかったが、島ちゃんが駅の改札で缶コーヒーを二つ買って待ってくれていたこともあった。駅前広場に腰かけ、よもやま話をして別れたが、僕はほんのわずかな時間会えただけでうれしかった。

その島ちゃんがこの世を去ってから、今年で三年になる。あまりにも突然の死で、報せが来たとき、しばらく冗談だと思っていた。微妙な笑いのツボや、言葉にすることの難しい微妙な酒場の好みがこれほど一致する人が、遠く富山にいるとは思ってもみなかった。僕が見知らぬ富山の町を好きになることができたのは、まちがいなく彼のおかげだ。こういう親友との出会いが奇跡であるということを、おろかしくも僕は彼を失って知った。

ピストン藤井

「ブックデイとやま」が始まると、会場で島ちゃんに『文芸逡巡　別冊　郷土愛バカ一代！』という妙なタイトルの本を売っている、目がくりくりして声が大きい女性を紹介された。これがピストン藤井との出会いだった。

この本は、よくある町おこし的な情報が羅列されたものでも、地方での暮らしを東京と比較して描いたものでもなかった。地元で時代遅れなものとして切り捨てられようとしている、富山の恥部とも呼べるような昔からの風習や、街の進歩から取り残されたような人々の暮らしを取りあげて描いた冊子だった。富山の深層部を描き、下ネタも平気で飛び出す本音の爆発する執筆に、彼女の富山への深い愛情を感じる。東京で音楽雑誌の編集をした経験のある彼女は、あえて露悪的な表現で、富山の本当の面白さをあぶり出そうとしていた。僕は自分の愛する故郷を語るというのは、こういうことだと教えられ、富山をぐっと身近に感じるようになった。富山の駅前で描きたいものが見つけられなかった僕は彼女に共感して、心が踊りはじめた。

島ちゃんとの酒の席には、いつも彼女がいた。二人はとても仲がよくて、彼女は年上の島ちゃんを「シマクラ」と呼んでいた。僕はその仲間に加えてもらったかんじだったが、二人といると、どんなことでも本音で話せ、馬鹿な話ばかりして、笑いこけていた。

島ちゃんの死後、しばらくたった頃、彼女は本名の藤井聡子という名で、生まれ育った富山への愛を綴る『どこにでもあるどこかになる前に。』という本を出版社から刊行したが、ここに書かれていた「シマクラ」への友情は胸を打った。この原稿を読んで、僕は、また泣いた。ピストンも、きっと泣きながらこの原稿を書いたにちがいない。

東京へ戻る前に、江里ちゃんに案内されて「千代鶴酒造」という、富山の中心地から離れた静かな田園地帯にある家族経営の酒蔵を訪ねた。酒にうるさい江里ちゃんが、いまもっとも好きな酒蔵だ。そのとき社長の黒田一義さんに将来この酒蔵をどんなふうにしたいかとたずねると、

「うちの酒蔵は、大きくなろうとしない。小さい者であり続けたいと思っているんです」

といった。経済的な成長だけを追いかけて、自分が守るべき大切な何かを失ってしまうくらいなら、お金の方をあきらめるというのだ。世の中が自分が好ましく思う世界から遠のいていき、どうしたらよいかわからなかった僕の心に、黒田さんのこの言葉は響いた。

金沢の、椅子ががくがくするホテル

小松砂丘という金沢の俳画家についての本を書くために、金沢を旅した。そのとき、手伝いの妻と自分の交通費や宿泊費、食費などの旅費を捻出するために九谷で器の絵付けもやった。しかし、そのために、徳利や盃、小皿など朝から夕方まで、実に一分半に一点という機械のような速さで千二百点ばかり描き、三日目に眩暈《めまい》がして倒れてホテルで寝込むことになってしまった。倒れるほど仕事をしたなどというのは、はじめてのことだった。

忙しく短時間で描いたのは、少しでも早く切り上げて銭湯へ行き、酒場でのむためだった。宿は窯元のある小松ではなく、少し離れた金沢の繁華街近くにとっていた。そこには砂丘が通った「菊一」という老舗のおでん屋があって、毎夜、通ってはコップ酒をのんだ。店の壁には砂丘の俳画が額装されて飾られている。そして生前の砂丘を知る女将さんがいて、砂丘が俳句を書くときの筆の持ち方を真似て教えてくれた。砂丘は筆の頭をちょんとつまんで書いたらしい。僕は砂丘の絵も好きだが、独特の枯れたような文字も好きで、とても興味深く聞いていた。女将さんは砂丘が俳句を筆したという店のマッチをゆずってくださり、僕は大切に持ち帰った。旅の費用をこしらえるのには骨が折れたが、こうして旅先で好きな作家の足跡を追い、酒をのむのは、やはり愉しかった。

だが、この旅でもっとも思い出となったのは、泊まったホテルでのことだった。一週間ばかり泊まるので、ホテルを高級なのにすると絵付け代はあっという間に消えていってしまう。風呂は銭湯だし、どうせ毎夜酔っぱらって帰ってきて寝るだけだ。ベッドさえあればよいと駅前にある工事関係者などが長期滞在するような安ホテルを予約しておいたが、このホテルのことは忘れ難い。

ホテルに到着すると、フロントに、実にゆるい、ワンピースの部屋着のような服を着たおばちゃんが立っていた。僕はてっきり、人手が足りなくて掃除を手伝う人が臨時でいるのではないかと思った。チェックインに行くと、そのおばちゃんが、

「ハァ〜イ、おかえり〜」

とはじめての客の僕に言うのである。ずいぶん家庭的なホテルなのだなと思いながら鍵を受け取ったが、このおばちゃんがオーナーであるということが、あとでわかった。それにしても、「いらっしゃいませ」「ご予約のお客様でしょうか」といった一般的な言葉が無いことに、なんとなくいやな予感がした。ホテルで「おかえり」などと言われたことは、これまで一度もなかった。

案内された部屋へ入ると、机わきのランプシェードが傾いていた。ま、安いホテルだし仕方がないだろうと椅子に腰を下ろしたのであるが、がくがくしていまにも壊れそうであった。まあ、こうしたことはたまにある。しかし僕は滞在中、砂丘についての原稿を書くつもりだったので、これでは困る。それでフロントに行って、部屋をかえてもらうことにする。ところが移った部屋のランプシェードは傾いているどころか電球さえなかった。椅子は前の部屋よりも、さらにがくがくとしている。おまけに机の表面がはがれており、手をつくと、ささくれが刺さって痛みが走った。僕は、また部屋をかえてもらおうと思ったが、なんだか面倒になってきて我慢することにした。そして、最初の部屋から移動するときにもってきた電球を取り付けることにしたのだが、よく見るとこの部屋のランプシェードはソケットごと無いのであった。何ということだ……。

やはり最初の部屋に戻してもらおう。そう思って最初の部屋のランプシェードに電球を戻しに行ったとき、傾いていた傘を回転させてみると、たやすく傾きが直った。なんだ。さっそく原稿を書きはじめたのだが、どうも落ち着かない。これはやはり、部屋をかえてもらうしかない。フロントへ行って、さきほどのおばちゃんに案内された部屋は二つとも椅子が壊れている、他の部屋はないのかと言うと、たちまち険しい顔つきになった。

「うちは貧乏なホテルなんです。でも、その分安くしているんですよ。部屋をかえてほしいなんて言うお客は、はじめてですよ」

なんと怒り始めてしまったのである。どういう経営方針でもかまわないが、僕はただ落ち着いて原稿を書きたいだけなのだ。そもそも何故、客の方が気をつかわねばならないのかとも思ったが、なんとか頼みこんで部屋をかえてもらった。ところが、その部屋の椅子もがくがくしていた。絵付けの仕事で疲れてもいたし、これはもう、お手上げであった。

ともかく、食事へ行こう。フロントに鍵を預けに行くと、おばちゃんの怒りはまだおさまっておらぬ様子で、敵のように僕を睨みつけた。もちろん、フロントの人から睨みつけられる、などという体験もこれまで一度もない。そして、おばちゃんが、

「さっき、最初に案内した部屋へ行ってみたけれど、ランプシェード、傾いたりしてないじゃないですか」

と、声を荒げて言うのだ。このうえ嘘つきだと思われてはかなわない。僕はさすがにむっとして、「馬鹿野郎、俺が直したんだよ」とランプシェードを直すまでの経緯を話した。すると、おばちゃんはきょとんとして僕の顔をのぞきこみ、

「あなた、電気屋さん？」

と聞くのだった。ランプシェードを修理してもらったことが嬉しかったのだろう、ようやくおばちゃんの機嫌がなおった。

「あんた、このロビーにある椅子で一番気に入ったのを部屋に持っていったらいい」

と手を広げて言うのだった。

土井ヶ浜のバンガローで壁画を描く

夏に旅先から戻ってくると、庭が草でぼうぼうになる。ヒマワリの花が終わって褐色になり、うなだれて種になっていると、何のために植えたのかとがっかりしたりもする。畑ではキュウリが黄色くなってヘチマのように太くなっている。こういうのは、オバケキュウリというらしく、農家では捨てるものだ。皮をむいてみると、寒天のようにふにゃふにゃしていて食べられそうだったので、一夜漬けにしたことがあるが、決してうまいとは言えなかった。しかし、思うに、キュウリの実としては、ここまで太るのが本来の成長の姿であろう。普段収穫して食べている青くて細長いやつは、まだ発育途中のものなのだ。昨年の夏は、画集に収める作品を整理するために郷里の小倉に帰ったが、一か月半もいて、オバケキュウリが土の上で朽ちていた。

少年時代をすごした小倉へ帰ると、夏休みの記憶が蘇って、よく海や山へ遊びに行く。車で二時間ほどの山陰の浜に土井ヶ浜という遠浅の美しい砂浜があって、数年前、妻と海水浴に行って、民家を改築した素朴なバンガローを見つけた。そこへ数日泊まって海で遊んだり、仕事をしたりしてすごすようになった。バンガローからサンダル履きで松林の坂道を下りていくと、白砂の浜辺がある。夜が明けて間もなく、まだ誰もいない冷たい海にとび込んで泳ぐのは、たまらなく気持ちがいい。昇ったばかりの太陽がエメラルドグリーンの海の白砂を乳白色にぼうっと光らせる。そこへとび込んであお向けに浮くのである。海底の砂にエイやキスが影を落として泳いでいて、松林からは蟬の声しか聞こえてこない。

昼は波の音をききながら仕事をしたり昼寝をしたりしてすごし、夕方、また海へ行く。昼の日差しで暖められた海水は、ぬるいお風呂のようで、朝の海とはずいぶん違っている。それから共同浴場へ行き、買い物をして帰ってくる。近海で取れた新鮮な魚介や地元の野菜も安く売っているから、買い出しも楽しい。近くの水産加工場で作られたばかりの竹輪やさつま揚げなども売られている。山口では、若芽のやわらかいのを干して塩漬けしたのをよく食べるのだが、これをめしに混ぜたり茶漬けにしたりして食べるととてもうまい。

庭に、ドラム缶をふたつに切って作った焚火ができるコンロがあり、炭を買って持っていく。そこでの料理も楽しい。豆とじゃがいもとセロリの野菜スープをコトコト煮ながら肉やパンを焼く。

夜は、山と海に囲まれてまっ暗になり、沖でイカ釣りをする船の明かりがチラチラする。浜に打ち寄せる波の音しか聞こえないほど静かで、ろうそくを灯して酔っぱらってそれをききながら眠るのである。ときどき学生たちがやってきて、花火を打ち上げたりして大騒ぎすることもあるが、そういう声が遠くから聞こえてくるのも夏らしい風情があって僕は好きだ。

このバンガローに初めて泊まりに行ったのは、八月も後半の夏のおわりだった。もうクラゲが出て、海水浴客もいない時期で、妻と自炊をして帰る日も決めずにごろごろして単行本の原稿を書きながら延泊を続けていた。

そのうちに、掃除に来たバンガローのオーナーのおばあさんから、職業を尋ねられた。無計画に繰り返し延泊する客が何者か気になってきたのだろう。画家だと答えたところ、めずらしがって、ペンキを持ってくるからバンガローの壁に絵を描いてくれと頼まれる。めんどうなことになったなと思いながらも、僕は、ま、ちょっと落書きでもしてみるか、と軽い気持ちで引き受けた。おばさんはきっと絵を描くのは遊んでいるようなものだと思っていたにちがいない。ペンキと筆を渡されて描きはじめたのだが、描くうちに、だんだんとのめり込んで、数日かかりきりになり、まったく落書きどころではなくなった。

絵が完成すると、おばあさんは親戚を連れて見物にやってきた。そしてご主人が防波堤で釣ってきたというアジの刺身を一皿、お礼だと言って持ってきてくれた。この仕事の報酬としては、いささか釣り合わないと思ったが、小さな身の骨をとって丁寧に皿に切り並べ、薄く切ったニンジンの上にわさびをのせたりの心づくしの刺身がうれしかった。山口育ちの僕の祖母が、よくこんなふうに刺身を盛っていたのが、懐かしくもあった。その晩は、絵の完成を祝ってずいぶん酒をのんだ。

土井ヶ浜バンガローに描いた壁画。

避暑地と湯治場 ふたつの雲仙

普賢《ふげん》岳が噴火して、大災害をもたらしたのは、一九九一年のこと。それから時が流れ、雲仙《うんぜん》は、すっかりもとの落ち着きをとりもどしている。

その大噴火の前、もう三十年近く前のことだが、東京からはるばる「雲仙観光ホテル」に泊まりにいったことがあった。タクシーでずいぶんと山の奥深くへとのぼっていき、忽然と目の前に車寄せのある瀟洒な赤屋根の建物が現れたとき、僕は驚いた。黒光りする重厚な梁、ひかえめの落ち着いた照明が灯され、品のよい絨毯が敷かれているロビーをみて、本物とはこういうものなのだと思った。男性用のトイレは、小用の便器があごの高さまであって、いかにも西洋人向けのサイズであった。バールームや撞球室をのぞいてまわり、それにしてもどうしてこんな山のなかに、これほど本格的な外国人向けのホテルがあるのだろうと不思議だったが、それ以上考えることはなかった。ダイニングルームでワインリストに目を通し、フランス料理のコースを食べ、古風なカーテンがつるされた部屋のベッドで寝た。そして今年の春、ブライアン・バークガフニさんが著した『欧米人が歩いた長崎から雲仙への道』を読んで、ようやくその不思議の謎が解けることになった。

九州で生まれ育ちながら、僕は、ここ雲仙が、戦前、欧米はじめ世界中から観光客たちがやってくる魅力的な避暑地だったことを、まったく知らなかったのだ。本によると、江戸時代に女人禁制の修験者たちの修行の場であった雲仙が、明治になってから外国人たちの避暑地として発展し、外国人たちは、長崎から山を越

スイスのアルプス地方のシャレー様式と切妻屋根の日本建築を融合させた瀟洒なデザインの雲仙観光ホテル。

えて蒸気船に乗り、日本人の籠を雇って険しい山をのぼってきて、ここでひと夏をすごしていた。なかには、帰化する外国人もいたという。当時の雲仙の姿を伝える西洋風の洒落たホテルの写真も掲載されていて、眺めていると、その頃の雲仙に行ってみたくなる。

かつて避暑地として栄えた歴史を知って旅すると、雲仙は、まったくちがう温泉地におもえてくる。今年、ひさしぶりに雲仙観光ホテルをたずねてみると、そこに在りし日の避暑地の面影を感じて、いまにも大きな旅行鞄をもった西洋からの観光客が現れそうな気がした。以前は気にもとめなかったが、ダイニングルームの入り口にドラが置かれていることにも気づいた。ホテルの人が「かつて長崎、上海航路の船の食堂で鳴らされていたものだ」と、教えてくれる。このドラは、その時代からずっと、いまも食事の時間の合図に鳴らされている。外国人たちは、長い航海をへてたどりつくと、温泉で体をやすめ、このドラの音を聞いて地元産の肉や野菜でつくられた料理をたのしみ、自分たちの国の酒をのみ、ここでひと月ほど、のんびりとすごしたという。広いダイニングルームを眺めながら、僕は、開国して間もない頃の、うまく会話をすることもできない日本人たちが心づくしの西洋式のもてなしをする様子を想像した。

ふたつの雲仙

夏、雲仙に到着すると山に雲がかかっていた。水墨画のような幽玄な景色で、かつて修験者たちの修行の場であった歴史と重ね合わせてみると、「雲仙」という名は実によくできているなと思う。しかし、もとは「温泉」と書いて「ウンゼン」と読んでいた。この漢字を当てたのは、昭和九年に国内初の国立公園に指定されたときらしい。

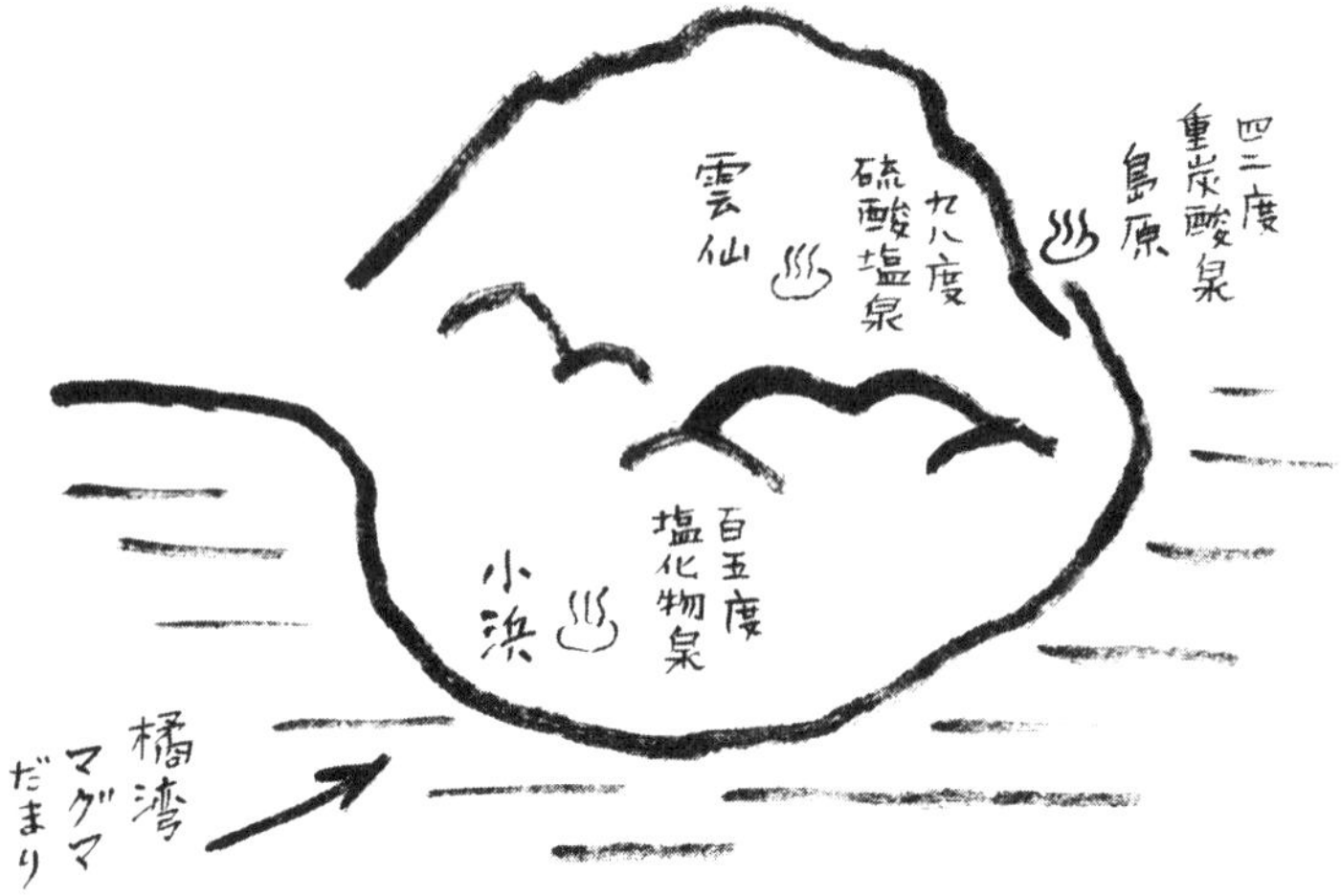

島原半島の山から西側の海岸にかけてを雲仙と呼ぶが、その雲仙にはふたつの異なる温泉郷がある。山の上にひらけた雲仙温泉と、山のふもとの海沿いにひらけた小浜《おばま》温泉のふたつである。地元では、それぞれ山の温泉、海の温泉と分けて呼ばれており、いずれも橘湾の海底のマグマだまりによって湧き出る温泉だが、海の方は透明の塩化物泉、山

雲仙、山の温泉の小地獄温泉館。白濁した湯が素晴らしかった。

の方は白濁した硫酸塩泉と泉質がちがい、効能も異なる。

山の温泉の方は、いかにも避暑地らしい高級な雰囲気のホテルが多くたちならび、ひっそりとした静かな雰囲気。

一方、海の方は庶民的な温泉旅館やホテルがたちならび、漁港や商店街もあって、生活感のある気安い雰囲気が漂う。

ふたつの温泉郷は七百メートルほどの標高差があって、山の方は低い雲に覆われて日ざしがやわらかく、夏でも涼しい。地元の人は、海から山の温泉へ行くのに、羽織る服を一枚持っていくらしい。

山の温泉の方にある、有名な「地獄」を見にいく。地獄といっても鬼や閻魔王がいるわけではない。たえまなく、地底のマグマの熱によってあたためられた水蒸気やガスが地表に激しく噴き出している場所である。ここではその宇宙的な営みに、地球そのものが生きていることを生々しく感じることができる。僕は、その地球の傷口のようにもみえる、なんとも不思議な光景に圧倒され、絵を一枚描いてみたくなった。傍らに画架をたて、画帳をひろげていると、地表から水蒸気がいきおいよく、しゅうっと噴き出して視界がまっ白になり、息苦しいほど硫黄の臭いがたちこめる。そして水蒸気が風に流されたかと思うと、またあらたな水蒸気がしゅうっと噴き出してくる。子供のころから地獄というのは、地底深くにある闇の世界だと思いこんでいたが、もしかしたら、このような熱を帯びたまっ白い世界なのかもしれない。白い蒸気と荒涼とした岩だらけの景色が交互に目の前にあらわれて、つかみどころがない。それでも、なんとかこの生き物のような景色を描こうと筆を走らせていると、なんだかわからない、白いボンヤリとした絵ができあがった。

小浜温泉

海の方の温泉、小浜温泉の源泉の温度は一〇五度。これは日本一高いらしい。山がせまる海岸づたいにひらけた温泉街は、かつて、山の温泉へ向かう外国人旅行者たちの登山基地としての役割も担っていた。小浜はまた、江戸時代に日本の湯治場としてもたいへんにぎわい、海辺には安い木賃宿がたちならんでいた。現在、観光ホテルとして営業している「伊勢屋」もそのひとつだった。

当時の湯治場の雰囲気を少しでも感じてみたいと浴衣姿で雪駄をひっかけて、車がたくさん走るアスファルトの道を歩いていると、溝から湯気がたちのぼってきて、足の指がむわっとした。温泉街ならではの湯の香りに、東京での暮らしが遠のいていく。

朝七時すぎに「おたっしゃんの湯」という共同浴場へ行ってみると、まだ番台に人はおらず、木箱が置いてあった。やってくる地元の人たちは、百円玉を二枚、その木箱に入れて脱衣場で服をぬぐ。その、なんとものどかな様子に心がなごんだ。脱衣場も浴室も、天井から裸電球が下がっているだけで、昔ながらの素朴な浴場の風情が漂う。熱い湯が出る口と、冷たい水が出る口の二つを、木製の樋のなかで混ぜ合わせた湯が湯船に注がれているが、これがまた絶妙な湯加減なのであった。湯船のなかで、蝉の声を聞きながらボンヤリと窓から夏の山を眺めていると、来てよかったという思いがこみあげてくる。湯船の傍らに貯められた冷た

小浜歴史資料館にある熱量日本一の源泉。こちらは、雲仙、海の温泉。

い水をざぶざぶかぶって、しばらく温冷浴をたのしんでいると、なんだか腹がへってくる。それで湯を出て名物の小浜チャンポンを食べにいくことにする。

小浜温泉は普賢岳の噴火による風評被害で、観光地として、これまでにない苦境に陥ったが、いま、新しい風が吹いて街が生まれかわろうとしている。そのきっかけとなったのは、いまは亡きプロダクトデザイナーの城谷耕生《しろたにこうせい》さんがイタリアからこの町に戻ってきたことだった。「古いものを大切にし、未来に継承していく」という彼の信念とその活動に共感した若い世代が、全国からやってきては、空き家だった家をリノベーションして住みはじめているのである。十年ほど前に福岡からやってきた古庄悠泰《ふるしょうゆうだい》さんもその一人で、いまは商店街でデザイン事務所を営んでいる。小浜はどこがよいのかとたずねてみると、「近すぎても息苦しい。離れすぎるとさみしいでしょ。小浜は人の受け入れ方が粋で、居心地がいいんです」という。これは古くから見知らぬ外国人たちを受け入れ、もてなしてきたこの温泉地特有の気風なのだろう。古い商店街に、小さいながらも上質なアイスクリームやスコーンなどを売る店、本格的なカレーライスの専門店や、ナチュラルワインを出すレストランなどの新しい個人商店が軒を連ねるようになった。十六代続く老舗旅館、伊勢屋の大女将も、地元の商工会や漁協の婦人会に声をかけて、こうした若い世代とともに、新しい小浜の町をつくるために尽力している。

今回小浜に四泊したが、地元の人のすすめで毎晩、商店街にある「ライオン・ジェイ」というバーへ通っていた。日中は通りでほとんど人をみかけなかったのに、夜がふけるごとに、どこからともなくお客がやってきて、たちまち満席になる。地元で漁業や農業を営む人、旅館の経営者、商店の店主など、いろいろな人たちがサーバーから注がれる生のカールスバーグをのみ、カクテルを注文して、わいわいとにぎやかに混ざり合ってのんでいる。年齢や職業による隔たりはない。

二日目の晩だった。居酒屋でのんだあとに行くと、普段着姿のおばあさんが一人、カウンターに座ってのんでいたときは、ちょっとびっくりして一瞬たじろいだ。そして一見の客である僕にも、初日から地元の人と同じように親切に接してくれ、わずかな滞在中に小浜の人たちの仲間になれたようでうれしかった。こうした自然で、あたたかなもてなしもまた、かつて外国人客たちを迎えた小浜温泉の歴史のなかで育まれたものなのかもしれない。商店街に、こんな酒場がひとつあるというだけで、町がとてもかがやいてみえる。これからこの温泉町はどんなふうに変わっていくのだろう。僕は、また来る約束をして、去り難い思いで小浜をあとにした。

小濱鉄道跡をあるく

島原半島の東側を走る国道から、海岸の方へ下ったところに、樹木におおわれた細い道路が通っている。ここには橘湾に蒸気船が往来していた昔、観光客たちを雲仙温泉郷に運ぶための小濱《おばま》鉄道という小さな蒸気機関車が走っていた。この鉄道は、江戸時代に小浜で湯守りをする湯太夫と呼ばれる代官を代々つとめた本多家の十代目、本多親宗が私財を投じて敷いた。その工事は延べ二十万人の人手を使い、五年の歳月をかけて行われたが、わずか十一年後の昭和十三年（一九三八年）に廃線となった。廃線の主な理由は、バスが走るようになって、利用客が減ったことだった。いまは舗装されて生活道路となっているが、九十年以上たったいまも、地元の人たちは、この道を「汽車道」と呼んでいる。

終点の肥前小濱駅跡の隣に、シロタニ木工という工務店があり、ここに当時の鉄道の資料を集めた私設の展示室がある。店主の城谷雅司さんは、自分が生まれ育った町の歴史や文化を守りたいという思いから、この展示室を作った。当時のことを書いた記事や、煙をあげて丘を走る蒸気機関車、工事中のトンネルなどの古い写真を見ていると、「いま、プラットホームがあったところに、駅舎を再現しているんです」と建築中の駅舎も案内してくださった。

全長八キロの鉄道跡を車でゆっくりと走ってみる。鉄道跡に残るツルハシとノミだけで固い岩盤を掘ったトンネルは歴史的に貴重なもので、二〇〇七年に経済産業省の近代化産業遺産に登録された。トンネルの入り口は、いかにも昔風の馬蹄型のアーチを描いている。そして、中を通りぬけていくと、ちょっと洞窟を探

検しているような気分になる。他にも、緑の高い壁にはさまれた切通しがいくつもある。

小浜から始発駅のあった千々石《ちぢわ》に向かって走っていると、山の上から、瓦屋根の家々がならぶ富津《ふっつ》の集落を見下ろす見晴らしのよい場所があった。集落のむこうには橘湾の青い海がひろがり、対岸にかつて蒸気船の港としてにぎわった茂木の町がかすんでいる。しばらくそこに立って景色を眺めていると、海から吹く風に羽をのばして、鳶がのんびりと空をまわっていた。こんなところを蒸気機関車で走り、温泉へ向かうのは、どんなにいいだろう。展示室で見た汽車を目の前の景色に重ねて、真っ青な空に黒い煙をあげて走る汽車の姿を想像してみる。すると、どこからか、ポォオーッ、という汽笛が聞こえてくるようだった。

霧島連山のふもと えびの駅の、田の神さぁ

九州屈指の温泉地、霧島連山の北東に吉都《きっと》線という鉄道が走っている。鹿児島県と宮崎県の県境をまたいで、吉松《よしまつ》駅と都城《みやこのじょう》駅を一時間四十分ほどで結ぶこの路線は、全長六十一・六キロメートル。上下線合わせて一日に十七本。利用客のほとんどが通学客で、九州で最も乗客が少ない路線のひとつである。

その吉都線が走る盆地のなかに、昔ながらの懐かしい木造駅舎の風情を残す「えびの」という無人駅がある。このあたりは昔からうまい米が収穫されることで知られていた。現在は宮崎県だが、江戸時代は薩摩藩に属していて、島津の殿

様に年貢米を納めていた。地元の人たちはいまも薩摩弁だ。

えびの駅から山々に囲まれたのどかな水田の景色のなかへと向かうと、畦道に奇妙な笑みを浮かべた地蔵のような石像がいくつも祀られている。その堂々とした稚拙な表現は、素朴で可愛らしいというよりも、むしろ不気味な感じがする。一体これはなんであろうか。この地に伝わる民話に登場するなにかであろうか……。

えびの市歴史民俗資料館の山田周象さんにうかがったところ、これらは「田の神さぁ」と呼ばれる田の神様で、江戸時代に百姓たちの手によって作られたものらしい。多くは右手にしゃもじ、左手に椀を持っている。当時、薩摩藩の統制によって生活の楽しみを奪われていた百姓たちは、増産祈願を名目に、この田の神像を作って毎年正月に祭りを行った。「したい放題な日」であったこの日は、封建制度のきびしい薩摩藩の役人たちも、無礼講で一緒に参加していたという。

そんな話を聞き、不気味さは氷解し、石像の姿に江戸時代の百姓たちの涙ぐましいまでに悦楽を求める気持ちが凝縮していると感じるようになる。これらは芸術と酒の神、ヴァッカスではないか。民衆芸術だ。僕は、このときとばかりご馳走をこしらえ、酒を浴びるほどのみ、夜通し踊りまくる百姓たちの愉し気な姿を思い浮かべていた。

おうだーメイド

鉄道路線図で本線から分かれている小さな鉄道を見て、とくに目的もなくただ乗ってみたいと思うことがよくある。そういう鉄道は、たいがい温泉のある山や海辺の岬へ向かっていて、のどかな景色のなかをカタンコトンと音をたてて走っていく。乗ると、農作物や魚介の大荷物を抱えた人がいたり、となりでスポーツバッグをさげた高校生が方言で何か話してはしゃいだりしていることがある。鉄道旅行の楽しみは、そんな光景に出合うことではないかとも思う。

熊本県の宇土《うと》半島にも、「あまくさみすみ線」という小さな鉄道がある。鹿児島本線の宇土駅と三角《みすみ》駅を結ぶ、全長わずか二十五・六キロの鉄道だ。有明海沿岸から山を越えて、天草諸島の手前まで走っているが、その途中の網田《おうだ》駅に熊本でもっとも古い木造の駅舎が残されている。駅舎が建てられたのは明治三十二年、今から百二十二年も前になる。この駅は、いま地元の人たちが運営して、切符まで販売しているらしい。一体、どういうことだろうか。土地の人に話をうかがうと、駅舎を中心に町づくりをすすめることになり、市にかけあって、JR九州から購入したとのこと。かつて駅員が使用していた風呂や宿泊所も改装して、駅舎に「網田レトロ館」という名もつけた。クラシックの演奏会などやると、古風な雰囲気もなじみよく、天井が高いのでとてもよく音が響くという。僕はここで、自作の絵本を刊行したとき、絵をスライドにして大きく映し出し、その前で朗読をするという催しをやらせてもらったことがある。その傍らでギター演奏もしてもらったが、たしかにいい音が響いていた。

町の集会所のようになったこの駅は、小学生たちの通学のためにも一役かっている。朝、隣の肥後長浜駅からやってきた子供たちが、駅舎で一列に並び、駅の番をする人の点呼を受けて、学校まで山道をのぼっていく。そして帰りは、電車を待つ間、駅舎に並ぶ机でみんなで宿題をするのだ。

週末になると、駅舎内でカフェの営業もしている。地元の新鮮な野菜で作るトマトベースの野菜カレーが評判で、これは熊本市内の名のあるホテルのコック長に考案してもらった本格派。春は、近海で獲れる甲イカのソテーをのせて出すらしい。最近は、このカレーをめがけてぽつぽつ観光客も来る。もうひとつ、このカフェの自慢はネーブルのピッツァ。網田はミカンの里とも呼ばれるほど、柑橘類がうまいことで知られる町だ。収穫したネーブルを老舗の和菓子の加工場まで運んで甘露煮にしたものに、チーズをのせ、駅舎の台所にあるオーブントースターで焼きあげる。いずれも網田らしい料理をつくろうと、町のみんなで頭をひねって考案したオリジナルピッツァで、土地の人は「〝おうだーメイド〟なんです」とうれしそうに笑っていた。

朗読の日、駅舎に到着して、カレーとネーブルのピッツァをいただいて、コーヒーをのみ、駅舎の窓からふいてくる風にあたっていた。本格的といいながらも、どこか家庭料理のようなやさしさのあるカレーと、やはりお母さんが子供のために作ったおやつのようなピッツァの味に、心がほころんで、古い駅舎のなかで朗読前の緊張がほぐれていった。

作家が長逗留した宿を訪ねて

川端康成が逗留して「波千鳥」を執筆したという「御宿小野屋」というひなびた旅館に泊まったことがあった。作家が執筆をした宿に出合うと、ああ、こんなところでのんびり書き物などやるのはいいだろうなと、いつもうらやましく思う。小野屋のある筌ノ口《うけのくち》温泉は、大分の山里に湧く小さな温泉場だ。あるとき、この宿に泊まった友人から、冬の朝、あたり一面に雪が白く積もり、宿の女将の入れてくれた木炭アンカで暖まりながら布団にもぐっていたなどという話を聞いて心ひかれ、僕は出かけていった。

宿では、川端が泊まったときに食事の世話をしたという女将さんが、まだお元気でおられて朝夕の食事を作ってくれた。大分は山菜やそば、地鶏などがおいしいことで知られているが、女将さんの料理はまた格別だった。「ごり」というドンコのような小さな川魚の天ぷら、豆をすりつぶして出汁で溶いた「ご汁」、それに、おひたし。すべてこの山里でとれたものばかり。ずいぶんと手間をかけたご馳走が出てきた。女将さんは、川端が逗留している間は毎日献立を変えていたと話していたが、山里の少なく限られた食材で一体どんな料理をこしらえたのだろう。僕は画帳に宿の隣にある共同浴場の絵を描いたりして、いつかここで自分も長逗留してみたいと思っていたが、残念ながらその後、小野屋は廃業したらしい。

信州の田沢温泉には、「ますや旅館」という明治時代に島崎藤村が泊まったという宿がある。藤村が泊まった部屋は、木造三階建の高楼の一番景色のよい、まわりに回廊をめぐらせた畳の間で、ここも素晴らしい部屋だった。廊下などは歩くとぎしぎし音がする。長い年月磨かれて落ち着いた雰囲気が漂うが、こういう宿は温泉からあがってきたお客が浴衣姿で歩いているだけで趣きがある。

この宿には懐かしい雰囲気の卓球室があり、宿泊客たちが浴衣姿でピンポン玉を打ち合う。そういえば、箱根の塔之沢《とうのさわ》の環翠楼と長門湯本の原田屋旅館にも、同じような懐かしい雰囲気の卓球室があった。

甲府の湯村温泉は、太宰治が逗留して執筆したことで知られていて、いつか泊まりたいと思っていたが、この宿も最近休業してしまった。太宰はそこから少し離れた甲府駅に近い町で甲府出身の妻と新婚時代を過ごしていた。その家の近くに「喜久乃湯温泉」という温泉銭湯があって、太宰は毎日午後三時になると執筆を終えてこの湯につかり、家で豆腐を肴に酒をのんだと何かに記してあった。この浴場は当時のままの姿でいまも営業していて、僕はよく行く。あるとき番頭の女性に近くに御崎《みさき》神社という太宰にゆかりの場所があるとおしえてもらった。それでたずねてみると、宮司さんが湯あがりの太宰が腰かけて煙草を吸っていたという大きな石に案内してくれた。当時太宰のことを、近所に住む人たちは誰も小説家だと気づかなかったという。若き小説家は、湯あがりに、この石の上で何を考えていただろうか。

憧れの缶詰

作家が宿に長期間泊まって執筆する生活に憧れていたことがあった。ゆったりと着物を着て先生などと大事にされ、うまいものを食べて、湯につかり静かに原稿用紙に向かう生活。それは著名な作家がやることであって、無名の貧乏絵描きには執筆の依頼もなく、当然ながら宿代を払ってくれる出版社もない。まだ執筆の苦しみなどということを知らなかった僕は、ただ憧れていた。

二十代で画家としての生活をはじめた頃、地方の美術館の収蔵作品を見てまわ

る旅をするのに、安い旅館に泊まり、その真似事をやったことがある。宿に到着するると浴衣に着がえ、早めの風呂をたててもらう。そうして机の上に原稿用紙をひろげて万年筆を取り出してみる。もちろん小説など書くわけではない。つまらない日記など書いて作家の気分だけを味わうのである。そのうちに退屈になってきて、煙草などふかしながらボンヤリと窓の外など眺めている。やがて、作家は執筆に行き詰まると、用もなく通りを歩いて、どこかで酒をのむのだろうと、出かけていく。

「ちょっと出かけてきます」

と宿の人に言い残して玄関を出るのだが、宿を離れると僕は、いつもの絵描きに戻り、そしてただの酔っぱらいになった。

文筆家の生活の形にばかり憧れて、ときどきこうした小芝居のようなことを愉しんでいた。

やがて絵の仕事が少しずつ増えてきて、四十歳を過ぎた頃だった。単行本の挿し絵を百枚ほど描く仕事の依頼があって、これはいい機会だと、御茶ノ水にある山の上ホテルに一週間ほど滞在して描くことにした。ここも作家たちの缶詰に利用されることを知っていた。とはいっても、出版社に頼まれた訳ではない。自主的な缶詰だ。

ルームサービスで食事をとり、洗濯もホテルに頼んで挿し絵の仕事に没頭した。毎日、神保町界隈で酒をのみ歩き、ホテルに戻ってからもバーで深夜までカクテルなどのんで過ごす。普段とはかけ離れた生活に、一体、毎日いくらかかっているのだろうと思っていた。ホテル代を精算すると、出版社からいただく予定の画稿料とほぼ同じ額であった。さらに外でのんだ分もあったから、ひどい赤字になる。けれども、ついに長年の夢がかなって、心は晴々としていた。

湯町窯の画家を訪ねる

今年の春、湯町窯の福間《ふくま》琇士《しゅうじ》先生を訪ねた。

窯の三代目となる先生の、亡くなったお父様が残した絵を見せていただくためだった。琇士先生ご自身は、もうとうに七十歳を過ぎているが、頭にバンダナを巻いて、Ｔシャツにジーンズの恰好で、朝から晩まで働いている。僕は何度か琇士先生に指導を受けながらこの窯で絵付けをしたことがあった。先生は、最近少し体調を崩したとかで、毎日お昼を食べたあとは、お昼寝をされるようになったそうだ。

昼頃に到着する旨を電話で伝えると、先生がラーメンを用意しておくというので楽しみにしていたが、到着するとちょうどお昼寝の最中で留守だった。それで売店でしばらく待っていた。すると、奥様の久枝さんが、出前の鮨を持ってこられた。先生ははじめからラーメンではなく鮨を出すつもりで、僕に「あれ」と思わせたかったにちがいない。こういう茶目っ気がある方なのだ。食べ終えて、僕は売店で水差しと急須を買った。湯町の器は縄文土器を思わせる力強い造形に独特のあたたかみがあり、手ざわりもよく、黄釉の色に深い味わいがある。僕は家で、コーヒー茶碗やカレー皿、湯呑みなども湯町を使っている。

やがて先生が、いつものように軽やかな足取りでやってきて、空になった鮨桶をちらりと見て、「ラーメン、うまかったですか」といたずら小僧のように笑った。仕事のときは無口なのだが、仕事を離れると、こういう冗談を言って笑わせようとする。いつだったか、絵は描かないかと聞いたときは、

バーナード・リーチから伝授されたというコーヒー茶碗の取っ手の付け方を
実演する福間琇士先生。

「私は恥はかきますが、絵は描きません」

と言って、ニヤニヤ笑っていた。

以前、湯町窯を訪ねた折、事務室の壁にとてもいい油絵が飾られてあるのを見て作者を尋ね、器の絵付けの仕事の傍ら、お父様の福間貴士さんが描いたものだと知った。どの絵も民芸品店を描いたもので、僕はその絵にしばらく見入った。先生が、自宅にも整理しないままの絵が保管してあるというので、興味をもった僕は、他の絵も見たくなり窯から十五分ほどの場所にあるご自宅まで案内していただくことにした。正直なところ、趣味で少しばかり描いていたのだろうと思っていたのだが、屋根裏部屋に、ものすごい数のカンバスやスケッチブックが積み上げられていて驚いた。忙しい窯の仕事をしながら、一体どうやってこれだけの絵を描いたのであろう。とても全部は見切れず、この日はあきらめて、ほんの一部を見せてもらって東京に戻った。今回は、その続きを見せてもらいに来たのだった。

話はうんとさかのぼるが、僕が最初に「湯町窯」という名を知ったのは、当時住んでいた東京・小金井市の家の近くにあった中村研一記念美術館を訪ねたときだった。中村研一は福岡県出身で戦前から戦後にかけて日本の画壇で活躍した画家だが、美術館の片隅に画業の余技として制作したと思われる鶏の頭と尾をつけた手びねりの大きな器が展示されていた。その色合いといい、形といい、見ていると自分も作ってみたくなるほど愉し気なものだった。その作品のタイトルの横に「湯町窯　島根県」と記されてあった。しかし、島根といえば、東京からずいぶん遠い。はるばる作陶に出かけたのには、なにか事情があったのだろうか。それとも、よほど魅力的な窯なのか。気になった僕は後日、訪ねてみた。そして、研一以外にもたくさんの画家たちが、この窯で絵付けや作陶をしたことを知った。展示室には、かつて民藝運動で活躍した柳宗悦《やなぎむねよし》やバーナード・リーチらの作品や、画家の熊谷守一《くまがいもりかず》や山下清などが絵付けをした皿も陳列されていた。僕は、こうした作家たちに興味をもっていたから、その後も何度か訪ねた。

それからずいぶんたって、中村研一が湯町窯で作陶したのは、絵を描いていた先生のお父様が東京の美術団体を通じて、研一と親交があったからだと知った。一九五〇年代の話で、お父様は会に絵を出品する時期になると、大きなカンバスに描いた絵を丸めて蒸気機関車に乗って上京し、研一の家に泊めてもらっていたりもしたらしい。

屋根裏部屋へ絵を見せてもらいに行くと、小さな窓から外の光が入って舞いあがる埃をきらきら照らしていた。絵のほとんどは、どこかの浜辺や建物など屋外で描いた風景画であった。何枚か人物画もあったが、それらはどこかの絵画教室のようなところでモデルを描いた、いわゆる勉強のために描いた創作性のないものだった。しかし風景画の方は、旅先で本人が描きたいと思うものを自由に描いたもので、本人の感情や趣味が描かれていて面白かった。

先生のお父様の福間貴士が絵付けをしていた時代と民藝運動について少し取材してみた。

貴士は十四歳のときに父が勤める窯の画工となって絵の仕事をはじめ、地元の松江洋画研究所でデッサンを学んだり、日本画家に絵を習ったりもしていたらしい。窯があった布志名《ふじな》の村は江戸時代から陶器づくりがさかんな場所で、宍道湖《しんじ》の水運を利用して海外へも出荷されていたという。その後貴士は窯の二代目の当主となるが、当時の窯は、出雲大社の土産物や火鉢など、江戸時代からの伝統的な地元布志名焼を作っていた無名の窯のひとつだった。

しかし、昭和六年（一九三一年）五月に日本民藝運動の指導者である柳宗悦が松江に来て、島根民藝協会が発足すると、河井寛次郎《かわいかんじろう》、濱田庄司《はまだしょうじ》らによる実地指導がはじまり、貴士はそこへ通いつめるようになった。ここへ、イギリス出身の陶芸家バーナード・リーチもやってきて、イギリスの伝統的なスリップ・ウェアの技法やコーヒー茶碗の取っ手の付け方を伝授した。こうした技法は今も湯町窯で引き継がれ、エッグベーカーをはじめ洋食にも向く器づくりをするきっかけとなった。また現在の湯町窯で用いられている包装紙もまた、当時、民藝運動家たちと親交の深かった版画家の棟方志功《むなかたしこう》の手によるものだ。

その後、貴士は全国組織の民芸協会の活動にも参加するようになり、たびたび妻を連れて「集金旅行」という名目で、遠く取引先である民芸品店を訪ねては、旅先で好きな絵を描くようになった。僕が貴士を知るきっかけとなった事務室に飾られていた民芸品店を描いた油彩画は、そうやって描かれたものだった。

「銀行振り込みの時代になっても、父は民芸品店に『振り込まなくていい』と電話をかけて、画具をかかえて出かけておりましたわ。私はいつも留守番しとりました」

後に父から窯を引き継いで当主となった琇士先生は、当時のことをふり返って話してくださる。どんな父親だったかとたずねると、

「カミナリおやじだったし、私も若かったから、おやじが『他になければ日本一』だなんて言って自分の絵を自慢するのが嫌でした。でも、いまは、私が仕事をしておれるのは、おやじのおかげと感謝しちょります」

と、めずらしく冗談を交えずに言うのだった。

お父様の絵を見たあと、久しぶりに伝統的なスリップ・ウェアの技法を用いて絵付けをさせていただいた。これをやるときは、琇士先生との完全な共同作業になる。先生が素焼きの器にさっと釉薬をかけると、待ち構えていた僕がそこに別

の色の釉薬で絵を描く。器の絵付けはカンバスに絵具を塗って描く絵とはちがい、焼成の工程で釉薬はまったく異なる色になっていく。これが魅力で、僕は器の絵付けがやめられないのである。

絵付けの仕事を終えて、夜、先生にさそわれて松江の酒場へくり出した。松江は宍道湖のしじみが有名だが、ノドグロなどの魚もおいしい。おでん屋もたくさんある。二軒目に、琇士先生おなじみのスナックへ行って、

「まっかだなぁ、まっかだなぁ、つたの葉っぱもまっかだなぁ、もみじの葉っぱもまっかだなぁー」

酔ってそんな童謡を口ずさんでいると、手拍子をとっていた先生が、横からマイクをとって、

「きいろいなあ、きいろいなあ、湯町窯はきいろいなあ」

と続けたので大笑いになった。黄色い釉薬は、琇士先生が当主となってから、

島根県の玉造温泉駅のそばにある「湯町窯」。

湯町窯を象徴する色として知られることになったのだ。

中村研一記念美術館で器を見たとき、まさかこんなことになるとは思ってもみなかった。なんとなく、貴士がどこかで糸をひいていたような気もする。緊張しながらはじめて湯町窯にやってきたとき、スリップ・ウェアで絵付けをさせてもらえる日がくるなど、想像もしていなかった。ふけゆく松江の酒場で僕は、そんなことを思い返して、ウィスキーのおかわりを続けていた。

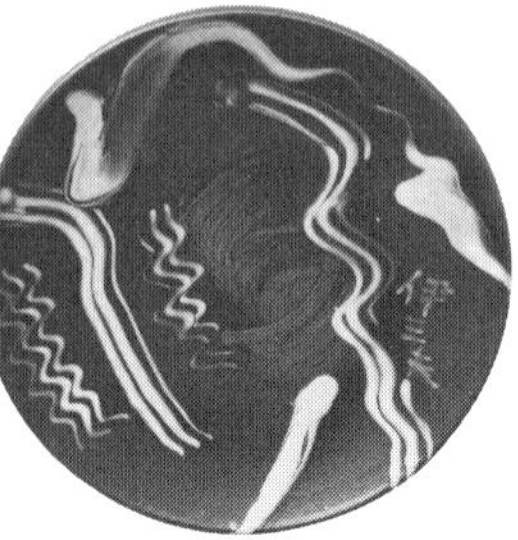

湯町窯で絵付けした皿。上は、バーナード・リーチから伝授されたという「スリップウェア」、下は、この窯で棟方志功が実践していたという「掻き落とし」の技法で制作したもの。

マダガスカルの麦わら帽子

一九九八年のことだから、もう二十五年も前になる。アフリカの東海岸に浮かぶ島国マダガスカルに、写真家の堀内孝君と一か月半ほど旅をした。堀内孝は古い友人で、若い頃から繰り返しこの国を旅して写真を撮っていた。そして熱帯のこの島から真っ黒に日焼けして帰ってくると、撮ってきた写真を僕の家へ見せに来てくれた。僕はそれを楽しみにしていた。

「これは何をしているところ?」

「この食べ物はどんな味がするの？」

聞くと旅のエピソードとともに語ってくれ、それがあまりにも面白いので、自分のためだけにやってもらうのが勿体なく思った。それで、あるときから友人たちを集めて、僕の家でスライド上映会などやるようになった。やがて彼にさそわれて、僕もこの国を旅することになる。僕も行ってみたくなったのだ。

マダガスカルへは二度行った。その最初の旅で僕は市場で麦わら帽子を買った。日本ではみたことのない中折れ帽の形をした麦わら帽子で、気に入って旅のあいだじゅう頭にのせていた。帰国後も、夏に海や山に行くときにかぶったが、黄金色だったのが日焼けして褐色になり、あちこちほころんできたので、いまはアトリエの片隅に飾って、ときどき眺めては懐かしい旅を思い出している。

堀内君はマダガスカル語に堪能で、地理や歴史などにも詳しかった。一緒にバニラ農園のなかにある加工場へ行ったときなど、あまりに流暢に言葉を操るもの

マダガスカルの食堂。フランス植民地時代の名残で、昼も夜も、食事の最後にかならず、バナナフランベ、クレームキャラメルなどのデザートの注文をとりにくる。これが楽しみであった。

だから、産業スパイだと怪しまれてカメラを没収されそうになったほどである。初めて行った僕は、言葉も話せず、ただボンヤリと街を眺め絵を描いていた。

いくら絵を描くのに言葉は必要ないといっても、珍しいものがあるとたずねてみたいし、青空市場で買い物をするのにも、ひとことふたこと言葉を交わしてみたい。長い間外国を旅していて言葉が話せないというのは、なかなかもどかしいものだ。日中は別行動で、彼は写真を撮りに、僕は絵を描きに、ぶらぶら街を歩きまわった。通りを歩いていると、よく物売りが近づいてきて、珍しい鉱石や織物などしつこく買わせようとするので、はじめは断り方がわからず逃げまわっていた。彼らは手を振って、いらない素振りをしただけではあきらめてくれなかったが、

「ツィミラ（いらない）」

と、ちょっと語気を強めて言うと、さっとあきらめた。言葉をひとつおぼえただけで、ずいぶんと楽になるものだ。誰しもがそうであると思うが、外国で言葉が通じたときのうれしさは格別のよろこびである。少しずつ、オハヨウ、アリガトウ、なども覚えて、フランス語とマダガスカル語のメニューしかない食堂で、いくつか好きな料理を注文もできるようになった。

アフリカ、東南アジアなどの民族が混ざり合うこの国の人たちは、経済的には

マダガスカル南部の街、フォール・ドーファンの風景。美しい港町の景色がひろがっていた。

貧しかったが、実に陽気で、夜、暗がりに廃品の電球や缶詰の缶に白灯油の小さな火を灯し、楽器を奏でて歌をうたっていた。僕はそういう金や時間にしばられない、のんびりとした暮らしぶりに豊かさを感じていた。この国では、フランスの植民地時代の名残で、高原の涼しい農地ではワインもつくられ、スーパーマーケットへ行くと、マルチニーク産の高級ラムと一緒に、安っぽいプラスティックのボトルにつめられた国産のラム酒も売られている。そして、ココナツミルクやカレーで煮た魚（たしか、テラピアといった）、放し飼いして育てた鶏のカツレツやソース煮などの料理がうまかった。そして、どんなに簡単な食事をしても、最後にクレームキャラメルや天然ヨーグルトなどのデザートが出てくる。僕は毎日、食事の時間が楽しみでならなかった。いまでも僕は、アクールーニという鶏肉を生姜で煮たスープや、バナナをバターと砂糖でソテーするバナナフランベなど、マダガスカルでおぼえた料理を家でよくつくって食べる。

簡単な挨拶ができ、食堂でワインをのむ愉しみをおぼえた頃、堀内君と街を走る「プシュプシュ」という人力車に乗ったことがあった。素足の車夫は僕と同じ麦わらの中折れ帽をかぶっており、僕は彼になんとなく親しみを感じたが、彼の帽子は使い古して、どす黒く汚れていた。

人の力で走る力車というのは独特の心地よさがあるが、乗っていると同じ人間同士ゆえにだんだん申し訳ない気持ちになってくる。そのうち、堀内君に通訳してもらって、車夫に「ちょっと代わってひかせてくれないか」と伝え、代わりに僕がひくことにした。戸惑う車夫を客席に乗せ、走りはじめると、堀内君と車夫は腹をかかえ、涙をながして笑いはじめた。僕はほんの余興で少しだけやるつもりであったが、車夫があまりにもうれしそうにするので、けっこう長く走ってやった。あとできいた話だが、僕らの麦わら帽は社会的地位の高い人はあまりかぶらないものであるらしい。あのとき車夫は、僕が力車をひく前から、お金持ち

マダガスカル中央部の街、アンツィラベのフランス建築様式の郵便局。玄関前で「プシュプシュ」と呼ばれる人力車の車夫たちが客待ちをしていたが、描いているとこちらへ絵を見にやってきた。

の外国人のくせに、自分たちと同じ帽子などかぶって、余程変な奴だなと思って笑っていたのだろう。でもまぁ、それはともかく、言葉のできない自分が、こうしてマダガスカル人に親しめたことは、なんともうれしいことであった。

たべもの、あれこれ

料理のこと

小学生の頃から休みの日に弁当を作って出かけたり、インスタントのプリンやゼリーなど作って冷蔵庫で冷やしたのを家族にふるまったりしていたから、料理は好きな方だと思う。卵に醤油を入れ、フライパンでかき混ぜるスクランブルエッグなど、六十近くなったいまも当時と作り方はかわらない。

料理熱がもっとも高まったのは、勤めをやめて絵筆一本でやっていこうとした頃だった。収入がなくなって外食できなくなったとき、うまいものを食いたいと、自分で作るようになった。当時はまだインターネットも普及しておらず、本屋や図書館で料理の本を探して、食べたいと思うものを安アパートの台所で作るようになった。なにしろ仕事らしい仕事もなく、日がな一日、アトリエで絵を描くだけであるから、時間だけはたっぷりあった。それまでまともに調理道具などそろえたことはなかったが、寸胴鍋やパスタ製麺機、馬毛の濾し器、ル・クルーゼの厚手の鍋など、なけなしの金で本格的なものをそろえて、料理をするようになった。トルティーヤやセビーチェなどのペルー料理、ドーブプロヴァンサルというフランス料理の牛すね肉の煮込み、名前は忘れたが、スズキを丸ごと一匹ガーゼでくるんで野菜スープで煮込み、エシャロットのバターソースをかけて食べる魚料理など、家で作ってどうするのか、というような凝った料理に挑戦した。楽しかったのである。当時買い求めた暮しの手帖社の『おそうざいふう外國料理』、檀一雄の『檀流クッキング』などがボロボロになって書棚にある。

もともと食いしん坊であることが、そのように自分を仕向けたと思うのだが、料理というのは、どこか絵を描くことに似ている。まず洋の東西があること。それに、あっさり味のコンソメスープやおすましは、水彩絵画や墨汁でさらっと描いたようだし、肉をトマトソースや葡萄酒で煮込む料理は、油絵具を厚塗りした絵のようである。盛りつけのときに色やレイアウトを考えるのは、コラージュを制作しているようでもある。料理を作り、皿に盛るのは食べられる絵を描いているようだ。

いろいろなハーブを用いて南仏料理をこしらえ、バゲットをちぎり、葡萄酒をのんでいると、ボナールの家の庭で食事をする風景や、南フランスでゴッホとゴーギャンが食堂で酔っぱらっている景色が思い浮かぶ。あるいはまた、檀一雄の東坡肉《トンポーロー》やきらずまめし、プルピートスなど作ってコップ酒をあおっていると、この作家のまわりに無頼派の文学者や編集者たちが集って盛大にのみ、語り合う景色が思い浮かぶ。

いつだったか、たまたまテレビに益子の陶芸家の年寄り夫婦が囲炉裏端で、陶片のかけらに、菜の花と、焼いたうるめいわしをのせ、自作の徳利でのんびりと酒を酌み交わしている光景をみたことがあった。上等の丸い皿ではなく、打ち捨てる陶片に、わずかにのせられた酒肴。もう、こういうのはたまらない。僕はわざわざ皿を割って、菜の花を茹で、七輪でうるめを焼き、それを真似て酒をのんだ。だいたいにおいて僕の食事は、空腹を満たすとか、上等な酒にこだわるとかいうことよりも、雰囲気だとか趣きが先に立っている。よく、「画家のこだわりですね」などと馬鹿にされることがあるけれども、こういうものが好きなのだから仕方がない。

思い出の味

ときどきふと思い出す味がある。きっと誰もがそうだと思う。

昔、神保町にあった麦とろめし屋。おろした山芋をつゆでといたものに醤油をまわしがけ、茶碗に盛った麦めしにかけて食べる。おかずは、ホッケやサバなどの焼き魚に味噌汁、青菜のおひたし、それにお新香だったと思う。焼いた魚のパリパリ焦げた皮にはじける醤油。その身を箸でむしりとって、麦とろめしといっしょにほおばるときのうれしさといったらなかった。その頃はまだ二十代前半。大手町の広告制作会社に勤めていたが、もう昼頃になると食べたくて仕方がなくなり、電車でひと駅乗って食べに行った。神保町には、他にも餃子定食の「スキートポーヅ」、中華そばの「さぶちゃん」などの好きな店があった。こういう店で腹を満たして「茶房李白」へコーヒーをのみに行った。この店のアジサイの葉の上にのって出てくる牛乳寒天が楽しみだった。残念なことに、今はもうどの店もなく、思い出だけになってしまった。

麦とろめしの定食をまねて家で作ることもあるけれど、店で食べた味には到底およばない。腹をすかせておじいさんが盆に定食をのせて順番に席までもってきてくれるのを待つ、あの時間もまたよかった。このごろは、「エチオピア」でカレーを食べて喫茶「伯剌西爾《ぶらじる》」、夕刻なら専大の交差点近くの「梅の湯」へ行って、「兵六」か「ランチョン」、「ラドリオ」あたりか。

会社に勤めた頃、ウーロン茶の広告の絵を描くために、中国の福建省へスケッチに行ったことがあった。そのとき、あちらの茶葉分公司という役人の方たちと一夜、晩餐会があって、そのとき食べた北京ダックの味が、いまも忘れられない。給仕が焼きたての北京ダックを大皿にのせてやってきて、円卓の上でナイフを入れて小皿にとり分けて各自に配ってくれた。いい油の香りのするカリカリに焼けた皮に、白髪ねぎをのせ、特製の甘い味噌をつけて食べる。はじめて食べた本場の北京ダックのあまりのうまさに、頭の中が真っ白になった。上質の紹興酒もうまかった。僕は会社の下っ端でありながら、仕事であることもわすれてガブガブのんで酔っぱらった。

旅行作家の山下マヌーさんの旅行ガイド本のイラストを描くために、三十代のはじめ頃からたびたびハワイやアジアへ旅をしたこともあった。いずれも行ったことのないところばかりで、当然ながら食の取材もあった。山下さんのガイドブックは写真を使わず、すべて僕のイラストで図版をやったから、ホテルから土産物、ビーチ、風景、バーまで描いた。そしてレストランでは、まず描いてから食べた。ベトナムのフォーなどは、描いているうちに、あっという間に麺がのびて汁がなくなり、店の人が気の毒がって、もう一度作ってもってきてくれたことがあった。ずいぶんいろいろなものを食べたけれど、ふり返ってまずはじめに思い出すのは、ハワイのドライブインのプレートランチだ。牛肉の照り焼きやマヒマヒと呼ばれる白身魚のソテーなんかとめしが一皿に盛られたものだ。傍らにマヨネーズで和えたマカロニがそえられている。これをからめて食べるのが、実にうまかった。椰子の葉が風にゆれ、太陽が照りつける常夏の島で、これをほおばるのは、たまらなかった。それからコンビニエンスストアで売られている「スパムむすび」。ビーチで泳いだあとに腹ペコで食べた。日本でもハワイでも、海では、なにより握りめしがうまいのだ。

もうひとつ。アフリカのマダガスカルの町々の食堂で食べた「アクールーニ」も忘れ難い。旅の間、好きでずっと食べていた。香辛料も酒も入れず、ただ鶏肉と生姜を煮ただけの塩味のスープだが、この国の鶏は日本のものとは比べものにならないくらいうまい。僕は鶏がこんなにうまいものとは、それまでしらなかった。そのスープをスプーンで皿に盛ったためしにかけ、サカイと呼ばれる辛い唐辛子をつぶして酢でねったものをつけ、鼻に汗をかきながら食べる。塩味のほかにトマトソース味やカレー味もある。ときどき奮発して高い地鶏を買ってきて、サカイの代わりにトウバンジャンを用いて家でも作るが、あの味にはならない。そもそも生姜の辛さがちがうこともあるが、マダガスカルではシメたばかりの鶏を使うというせいもある。

本当にうまかったなと思うものは、何十年たっても色あせることなく、舌が記憶している。そして、また食べたいな、などと思い出してツバをのみこんでしまう。

食パンのハンバーガー

日本画家の小林古径《こけい》の弟子たちが、お昼に囲炉裏端でパンを焼いたという話を読んで、自分も炭火でパンを焼いてみたくなった。やってみると、トースターやガス火で焼くよりもずっと香ばしく、格子模様の焼き目も美しい。これが驚くほどおいしくて、以来、ずっと七輪でパンを焼くようになった。

僕はもちもちとした食感を追求したパンが好きではないので、いつもスーパーで売られている安い食パンをこうして焼いて食べている。客人に出すと、おいしいので「これ、どこのパンですか」などと聞かれることもある。寒い冬の日など、片面を焼いて裏返し、バター片をのせて溶かしながら反対側を焼く。黒糖やジャム、ハチミツ、小豆の餡などのせると、いいおやつにもなる。パンを焼きながら、ポットのなかの茶葉がお湯に浮きあがるのをゆっくりと待って、丁寧に紅茶を入れる。このごろは、おいしいパンを売る店がふえた。もちろんそういうところのパンならば、もっとうまい。

ハワイのオアフ島のワイキキビーチがある側とは反対の島の北側でひっそりと営業するハンバーガー屋で食べたハンバーガーの味がいまも忘れられない。その店のパンは、ボソボソとして砂糖などの甘さのない素朴なものだった。日本のスーパーなどで市販されている甘く、もちもちしたハンバーガー用のパンには、あの風味はない。あるとき仕方なく、一番安い食パンを七輪で焼いてみたところ、けっこう近い味になった。

まずは食パンを二枚、炭火で焼く。そして牛肉のミンチに、玉ねぎのみじん切りを加え、塩、黒コショウ、小麦粉を混ぜ、ナツメグをふって、よくこねておく。赤葡萄酒、にんにくを少々加えてもよい。トマトは種をとって薄くスライスし、サニーレタスは適当な大きさにちぎっておく。玉ねぎを同心円状に薄くスライスしたものをガス火にかけたフライパンで素焼きする。それから卵をひとつ、両面焼きの目玉焼きにする。裏返すときにフライ返しで、ちょんと黄身をつぶしておくと、さらによい。こねておいた牛肉のミンチを食パンの大きさに合わせて薄く丸く平らにし、熱したフライパンに油をしいてジュウジュウと焼く。肉が焼きあがったところで、すべてをパンの上に重ね、フレンチマスタードとケチャップソースをかけて、もう一枚のパンではさんだら完成だ。これを半分に切ってほおばり、僕はハワイの旅を思い出している。

だらだら鍋

朝、一、二時間ほど散歩に出る。玉川上水の雑木林の小道を歩きたいところまで歩くと折り返す。そのあとは日暮れまでアトリエで絵を描いている。途中でやることといえば、昼食と昼寝くらいしかない。食事の時間を削ってまで仕事をしたいなどと思ったことがない。絵に没頭して寝食を忘れるなどということは、めったにない。お昼を過ぎて陽が傾いてくると、たいがい夕食のことばかり考えている。

たまに、食事の時間の方を優先させて、注文された絵が約束の期日までに仕上がらないことがある。経験上、食事の時間をさいてまで描いたところで、納得できるようなものが描けないことを知っているから、きりあげて翌朝早くまたやる。そもそも頑張って描いた、などという絵は、どこか暑苦しいものだ。

夕食のときは七輪に炭の火をおこして、肉や魚を焼いたり酒の燗をしたりする。テレビもつけず電話にも出ない。この時間は、アトリエで独り自分と向き合うことから解放された、なによりも楽しみな時間なのである。縄文人が家の中心に囲炉裏を据えたように、茶の間のまんなかに七輪を置いて、お膳につく。

とはいえ展覧会の前などは僕も、手伝う妻も何かと時間に追われて落ちつかないことが多い。そんなときは食事の支度や片付けが簡単な方がいい。油を使わず、器の数も少なくてすむ献立を考える。豆腐めしなどはそのひとつで、お昼によく作って食べる。炊飯器に点火したら、気分転換も兼ねて、自転車をこいで駅前の豆腐屋までいく。丼にめしを盛り、その上に薄切りにした豆腐を重ね、おろし生姜と葱をのせたら出来あがりだ。醤油をまわしがけ、豆腐をほぐしながら食べる。

夕食で簡単なのといえば、小鍋で仕立てる鍋。食卓の傍らに七輪を置いて小鍋をかけて湯をわかす。はじめは豆腐だけ。それから、竹輪、はんぺんなどちょっとした酒の肴になるものをゆでては食べる。そんなもので一杯やったあと、豚肉や鶏肉、もやしなどの野菜を足していく。具がなくなったら粥や麺にしてもいいが、僕は餃子を入れたり、卵を落としてポーチドエッグを作ったりして、いつまでも鍋から離れずのみ続ける。

忙しいから簡単な料理にしようと思って作るのだが、けっきょく、長時間をかけて食事をする。だらだらと酒をのむから、家ではこの鍋を「だらだら鍋」と呼んでいる。

「今夜は、だらだら鍋にしようか」

「ええ、そうね。それでいいわね」

妻の顔もたちまちゆるんでくるのである。

我が家の七輪料理。上は、ホタテの鹿の子焼き。
下は、鳥すき。

アサリは、もういないのか

春になると、郷里の小倉では曽根干潟へ潮干狩りに行った。まだ僕が小学生の頃だから、もう五十年も昔の話だ。地元では、潮干狩りのことを「貝堀り」という。曽根干潟にはカブトガニも生息していて、天然記念物となったいまは考えられないことだが、たまに捕らえてくる人がいた。その昔は、大きなザルを腰紐で引きながら海中を歩くと、車海老もたくさん獲れたそうである。春になるとみんなで出かけていって、アサリを掘れるだけ掘って持ち帰った。獲れ高に応じて漁協に金を払うこともなく、当時は海はみんなのもの、というかんじであった。たまに、赤貝なんかも獲れて喜んでいたが、それからわずか五十年で、干潟からアサリが姿を消してしまうとは思ってもみなかった。大昔から女性や子供でも簡単に獲れた貝類は、タンパク源としても貴重なものだったらしく、全国各地に貝塚が残るほど食べられてきた。

子供だった頃、一日干潟で潮風にあたり、日焼けした肌を家に帰って風呂でさっぱりと洗い流し、自分で掘った貝を食べるのが楽しみでならなかった。干潟の天然のアサリは大きかった。アサリをバケツで塩水にひたし、蓋で暗くして砂を吐かせるのだが、途中であけると白い首をのばしていた。いや、首ではないだろう。あれは何か。ともかく、イキのいいアサリを酒蒸しやバター炒めにしたのがその日の晩の食卓にのぼった。うまくて猛烈ないきおいで食べたが、夕飯までの時間砂を吐かせただけでは砂抜きがまだ十分でなく、食べているとじゃりじゃり砂粒が混ざっている。たまに、殻のなかに真っ赤なカニの子供が入っているこ

ともあって、そんなときは「当たりだ」なんてはしゃいだ。

そして本番は翌朝の味噌汁である。家族分、大鍋いっぱいに炊いて、父などは丼に貝を山盛りにして小葱をのせ、熱々の汁をふうふう吹きながら、アサリの身をむしゃむしゃ食った。僕ら子供も負けじと椀で何杯もおかわりをするから、たちまちなくなった。汁だけが残ると、それをめしにぶっかけて、沢庵をかじりながらかき込むのであるが、これがまた、うまかった。

毎年春にアサリが太る旬の頃になると、僕はそのときの光景を想い出す。ところがこのごろ、国産のアサリをめっきりみかけなくなった。

「国産なんて、とてもじゃないが高くてうちには回ってこないよ」

魚屋のおやじに威勢よく言われて、たじろいだ。いったい、どうしたというのだろう。ああ、神様、おねがいです。あの、大きな二枚の殻にプリプリした身がはさまっていた、イキのいいアサリをもう一度、食べさせてください、そう祈らずにはいられない。

立ち売りの駅弁当

もう学生時代から、郷里の北九州へ帰省して、東京へ戻るときに買う弁当は、東筑軒の「かしわめし弁当」ときまっている。これを買わずに新幹線に乗ると、忘れ物をしたようで落ち着かない。折尾《おりお》駅に、そんなかしわめし弁当の立ち売りがいると聞いて、たずねてみる。

折尾駅は、郷里の小倉から博多方面へ向かう鹿児島本線と、筑豊本線が十字に交わるところにある。筑豊本線はもともと筑豊炭田から、積み出しする若松港まで石炭を運搬するために敷かれた鉄道だ。かつては、実に夥しい量の石炭が折尾

駅を通過していた。

駅弁当の立ち売りは、一九二一年（大正十年）、筑豊が炭鉱景気に沸く時代にはじまった。数年前、折尾駅は建て替えられたが、以前の駅舎は西洋のモダンな建築様式をとり入れ、赤レンガの壁のある、明治や大正の面影を残す洒落た駅だった。

それから百年。いまではすっかり北九州の名物として有名な弁当である。市内の鉄道路線図が描かれた掛け紙をとって、経木の蓋をあけると、ざくざくした鶏のそぼろと、錦糸たまご、海苔の大胆な縞模様があらわれ、炊き込みめしのいい香りがただよう。もの心ついた頃からその味を知る僕は、もうそれだけでごくりとつばをのみこんでしまう。割り箸を弁当箱の角の方につっこみ、三角の大きなめしのかたまりを口いっぱいに放り込んで食い、「ああ、うめぇな」と、つぶやかぬ日はない。

ホームで立ち売りしているのは、東筑軒社員の小南英之さん。五十を過ぎてこの仕事に就き、重い木箱をかついで朝九時から夕方五時ごろまで駅のなかを歩いてまわる。普通列車から特急列車に乗り換えをするわずかな時間を見計らっての販売だから、一日の列車のダイヤはすべて頭に入っている。

「折尾名物かしわめしべんとう。べんとう、べんとう、東筑軒のかしわ〜めし」

自ら作詞作曲した歌を乗客たちに向かって大声で歌いながら、手を鶏のようにひらひらさせたりして、ホームを歩く。その姿はまるで路上の大道芸人のようだ。

ぎょっとしてスマートフォンの手をとめ、ふり向く乗客もいる。実はかしわめし弁当は売店でも買うことができるから、こうやって一日に売れるのはわずかに三十個ほど。東筑軒の宣伝活動もかねて続けているが、なにより小南さんの心にあるのは、二十代で上京したときの故郷、北九州への望郷の念である。

「北九州から離れるとき、電車から若戸大橋を見て涙がとまらんかったです」

離れてみて郷里の魅力に気づき、そのために何かをしたくなった。その気持ちは、同じく離れて暮らす僕にも、よく分かる。

郷里、北九州の味

二〇〇六年に創刊した北九州市の情報誌『雲のうえ』の編集の仕事をするようになって、取材のために郷里の北九州へ帰ることが多くなった。それまでは帰省しても、酒場の一軒も知らなかった。工業都市の印象が強いため、あまり知られていないが、郷里の北九州は魚がおいしい街だ。鮮魚の消費金額は富山市に次いで全国二位である。かつて海が汚染されていた時代もあったが、それから五十年、いまではすっかりきれいになった。海は青々と澄んでいる。対馬海流が沖を流れ、水深のある玄界灘と潮の流れの速い関門海峡、干潟のある豊前海という性質

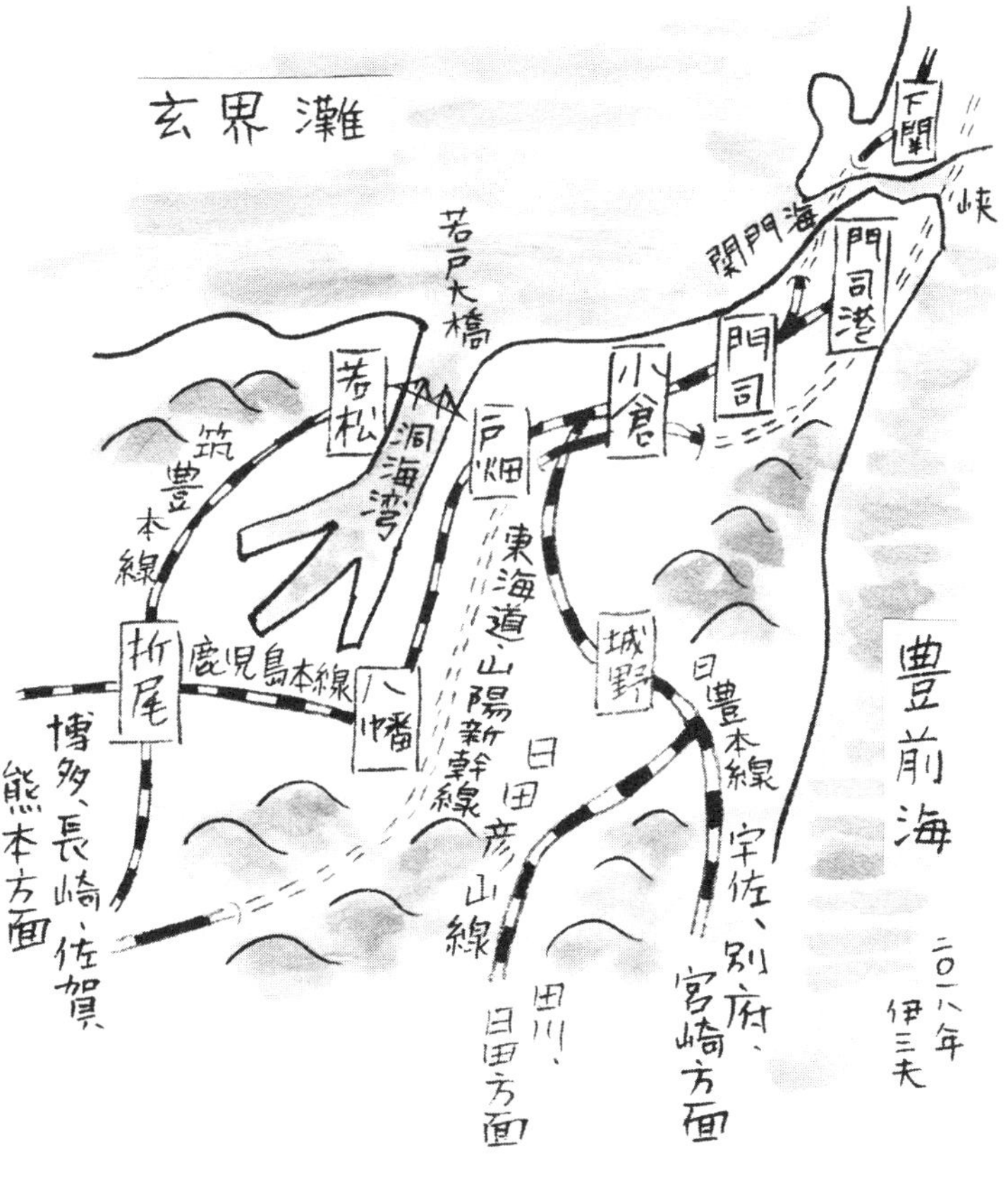
玄界灘
下関
関門海
峡
門司港
若戸大橋
門司
小倉
若松
洞海湾
戸畑
筑豊本線
東海道・山陽新幹線
城野
豊前海
折尾
鹿児島本線
八幡
日豊本線
日田彦山線
博多、長崎、佐賀
熊本方面
宇佐、別府、宮崎方面
田川、日田方面
二〇一八年
伊三夫

の異なる三つの海に囲まれているから魚種が豊富なのが特徴である。小倉には玄界灘のイワシやサバをぬか床で炊いた「ぬかだき」という郷土料理があって、めしのおかずや酒の肴にとてもよい。居酒屋へ行けば、たいがいどこにでも、新鮮なサバを生で食べる「ごまサバ」が置いてある。春になると地元の人たちは干潟へマテ貝を掘りにいく。みそ汁の実にしたり酒蒸しにして食べる。玄界灘の沖では、サワラ、シイラ、アラ（クエ）、マグロなどの大型の魚が獲れ、近海では、タイ、チヌ、メジナ、アラカブなどの白身の高級魚があがる。また甲イカや赤イカなど、イカの種類も多い。夏場の藍島《あいのしま》のウニの味などは絶品だが、このごろは埋め立ての影響か、少なくなって高騰している。

関門海峡では、なんといっても冬場のフグ料理が有名だ。門司港へ行くと大皿にトラフグの身を薄切りしたフグ刺しをたべさせる店が何軒もある。カナトフグという小さなフグもよく獲れ、これは天ぷらにするとうまい。関門海峡の激しい

潮流に鍛えられた真ダコは身がひきしまっている。「関門海峡たこ」と呼ばれるこのタコの漁に取材で同行したことがあるが、海中から引き上げられタコ壺から出てくると火星人のように立って歩いていた。本当の話だ。ゆでて薄切りにして食べると歯ごたえがあり、かむほどに旨味が出てくる。

　関門海峡のそばの門司港駅はかつて九州鉄道の起点であった。当時の面影を残す古い駅舎の改札を出ると関門海峡はすぐ目の前で、対岸に下関の街が見える。小さな定期船が運航しているこの海峡は源平合戦の壇ノ浦の戦いや、巌流島での宮本武蔵と佐々木小次郎の対決、長州藩が外国艦隊と戦った下関戦争など歴史の舞台となったことで知られる。東京から遊びにくる友人に、どこへ行きたいかとたずねると、関門海峡という人がもっとも多い。そんなとき、僕はもっとも海峡の幅が狭く、潮の流れの速い海を見ることができる「和布刈《めかり》神社」へ連れて行く。外国からやってくるタンカーやコンテナ船などの大型船が、たえまなく行き交う様子をこれだけ間近に見ることのできる場所は、他にないだろう。なかなかの迫力だ。頭上には関門橋が架かり、まるで本州と九州をつなぐ動脈を流れる血液のようにものすごい数の車が行き来している。近くに、下関まで歩いて渡ることのできる人道の海底トンネルもある。

関門海峡から豊前海にかけて、時期になるとワタリガニ漁が行われる。ワタリ

門司のマンションの上から描いた関門海峡風景。

ガニは、渡り鳥のように、ヒレのような足で泳いで集団で海中を移動していく蟹だ。子供の頃から、蟹といえば、このワタリガニだった。豊前海では牡蠣の養殖が行われていて、僕はここで獲れる大粒の牡蠣を、殻ごとフライパンで焼き、レモンと赤ワインビネガー、みじん切りの玉ねぎのソースをかけて食べるのが大好きだ。

小倉にある旦過《たんが》市場は、戦後の雰囲気を残す現役の生活市場だが、先日、火災で多くが焼けたのは痛恨事であった。いま少しずつ復興しているが、ここは北九州のあらゆる新鮮な食材がそろう地元民にとっては大切な市場である。この市場から歩いて行けるところに小倉城があって、城内に「松本清張記念館」があり、東京・杉並にあった自宅の書斎や書庫がそのまま忠実に再現されている。菊池寛賞を受賞したこの記念館での僕のおすすめは、館内で上映されるドキュメンタリー映画『日本の黒い霧――遙かな照射』だ。小倉時代から、上京後の活動をとても分かりやすく伝える内容となっている。一九五三年に『或る「小倉日記」伝』で芥川賞を受賞した清張は、当時小倉の朝日新聞社に勤めていた。小説家だから当然記者だと思っていたが、デザイナーとして働いていたと知って驚いた。清張が太宰治と同じ一九〇九年の生まれだということは最近まで知らなかった。松本といえば、漫画家の松本零士さんも小倉の出身だ。

小倉では「武蔵」という老舗の居酒屋へよく行く。ここで湯引きしたくじらの脂身を酢味噌で食べる「オバイケ」や、魚卵を醤油で甘辛く煮た「マコ」などの郷土の料理を肴にのむのがたのしみだ。ここでひとしきりのみ、バー「ビッグベン」へ向かうのがいつものコースである。小倉で最も古いバーで、熟練のバーテンダーが、うまい洋酒をのませてくれる。魚町の「ひっしまめたん」という立ち呑み酒場には僕の壁画があるので、ここへも立ち寄って女将さんにご挨拶をする。

若松の洞海湾には戸畑と若松を結ぶ「若戸大橋」という、かつて東洋一とうた

われた赤い鉄の吊り橋がある。この橋は一九六二年、日本の長大橋建設の第一号として架けられた、まさに鉄の街を象徴する建造物であった。橋が架けられる以前からある渡し船が現在も運航しているが、通学や通勤する人たちが自転車を押して乗り入れる昔ながらの光景を思い出す。日暮れて、洞海湾周辺に建ちならぶ工場の高い煙突から煙が吐き出され、まがまがしい巨大なパイプ群に光が点滅し、

銀や青の星屑のように灯る工場の夜景に、僕は北九州らしさを感じる。

かつて、石炭の積出港として大いににぎわった若松の街には、私の祖父母が住んでいた。子供の頃、夏休みになると遊びに行って祖父母と山歩きをしたり、海で泳いだりした懐かしい場所でもある。若松駅前には、『花と龍』などの作品で知られる作家、火野葦平の文学館がある。画家をめざしていたこともある葦平の絵や交流のあった作家たちとの書簡などが展示されている。そばに「カトレア」という、持ち帰りのめずらしい醤油味のタコ焼きを売る店がある……。

さてさて。ふるさと自慢も、このへんで。

日田のきこりめし、いかだすし

東京から九州まで、「あさかぜ」や「富士」、「みずほ」などの寝台特急があった頃は好きでよく乗った。ウィスキーなどのんでベッドに横たわっていると踏切を通過するたび、鐘の音が近づいてきては遠のいていった。朝起きて洗面台で顔を洗っていると、弁当を売りにくるのもよかった。残念ながらもう九州行きの寝台車は無くなってしまった。それでこのごろはよく大阪まで新幹線で行き、そこから夜行フェリーに乗って九州まで行くようになった。寝台特急に乗っていたせいか、夜をまたいで九州へ到着しないと物足りない気がするのである。陸を離れて、まっ暗な瀬戸内の海の上で島々にチカチカともる灯台の明かりや行き交う貨物船を眺めていると、いやがうえにも旅情が高まってくる。船内の大浴場に入って一杯やり、のびのび体を伸ばし、波にゆられて眠るのもいい。翌朝、広島の沖あたりで目が覚めてデッキへ出てみると、小さな漁船がいくつも浮かんでいる。こうしてのんびりと海から入る九州は、また格別である。

九州の林都として知られる日田《ひた》には、十一年前に「ヤブクグリ」という地元の林業を応援する会の発足に立ち合ってから、よく行くようになった。ヤブクグリというのは、もとは日田固有の杉の品種の名で、この杉は他の杉に比べるとねばりがあり、折れにくいという特徴がある。ヤブクグリのように、ねばり強く活動していこうとそのまま会の名として用いることになった。しかし会が発足した当初、仲間たちは威勢ばかりよくて何をやったらよいのか分からなかった。そもそも林業の実態というものを知らなかったのだ。それで市内の林業関係者を訪ねて

小さな杉のノコギリで、丸太に見立てた煮牛蒡を切りながら食べる、林業体験弁当「日田 きこりめし」。麦飯にそえられた地元産の鶏肉、栗、高菜漬け、梅干しなどのおかずがおいしい。

話を聞いてまわることからはじめた。そして林業について、いくらか知るようになった頃、山で行われている林業のことを、都会に住む人たちに伝えようと、僕らは「日田きこりめし」と、「三隈《みくま》川いかだすし」という二つの弁当を作って、そこに林業のメッセージをのせることになった。

「きこりめし」の方は、麦めしの上に丸太に見たてた牛蒡がのっていて、これを小さな杉ののこぎりで切って、弁当箱のなかで林業体験をしながら食べるという弁当だ。箸袋には、「いま、森を見よ」というスローガンと、地

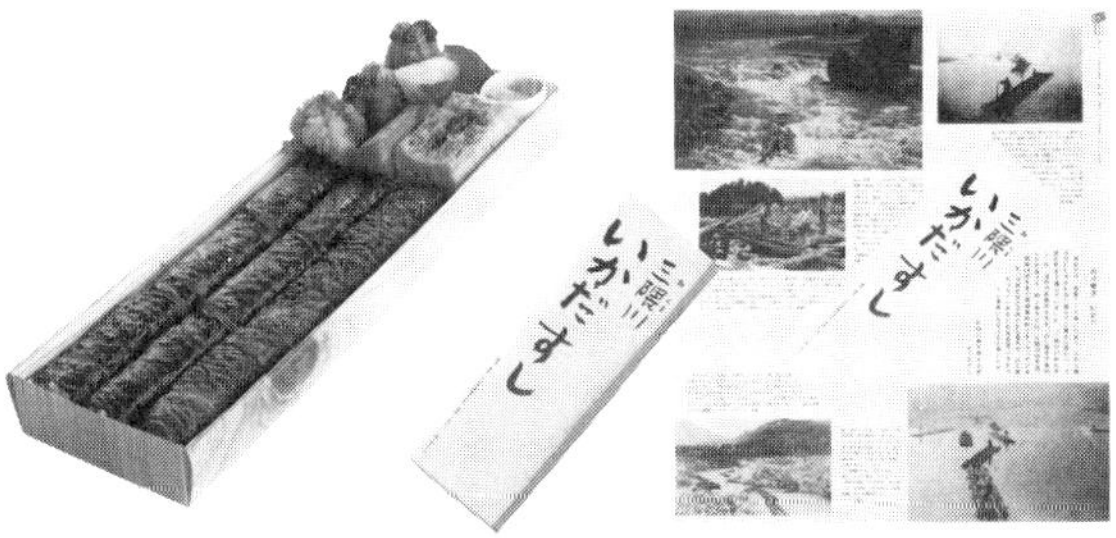

かつて、日田の山で伐り出す丸太の運搬のために組んだ川筏を模した、のり巻き鮨「三隈川 いかだすし」。三隈川は筑後川の支流。一本の川の自然を守るために、下流の街との交流を図ろうと、有明海の海苔を用いた。

元の新聞記者が林業を取材した記事が印刷してある。麦めしに、鶏やどんこ椎茸、一六漬けなど、地元の食材がおかずとして入っている。そして日田杉を使って作られた弁当箱からは杉のいい香りがする。この弁当は、いつの間にか地元の名物になり、二〇一三年に東京ADC賞というデザインの賞も受賞した。それで僕らは、きこりめし弁当の兄弟弁当として「三隈川いかだすし」という弁当も作った。

　日田は、九州のまんなかあたりにある盆地の町だ。町の中心を流れる三隈川が下流で筑後川と名を変えて有明海までそそいでいる。鉄道も高速道路も無く、川が交通手段であった時代、山から伐り出された丸太も川筏に組まれ下流へと運搬されていた。それで、こちらの弁当は、当時三隈川に多く浮かべられていた川筏に見たてた江戸前の細長いのり巻きを、筏に組んだ丸太のようにして並べた弁当だ。筑後川の下流、有明海の海苔を使うことにもこだわった。

いずれの弁当も駅前の老舗食堂「寶屋」で製造と販売をしている。この店でしか食べられず、予約のみの販売だが、遠く北海道や東北などからも、食べるためにお客がやってくるようになった。

いまも年に数回、仲間たちとヤブクグリの活動をするために日田へ行く。「きこりめし弁当」を予約して、船の上で、久しぶりに会う仲間たちはどうしているだろうかと、顔を思い浮かべて向かう。こうして作った二つの弁当が、遠い日田で暮らす仲間たちと、東京で暮らす自分をつないでいることがうれしい。

鰊みがき弁当

冬、寒くなると、ふとした拍子に新函館北斗駅で買った駅弁当を思い出す。たった一度食べたきりだが、何度つぶやいたことだろう。

「ああ、あれは、うまかった……」

包みをとくと、厚切りの鰊の切り身と大好物の数の子がなんとも贅沢に並んでいる。ほどよい味つけの骨まで柔らかい身欠き鰊、大きな数の子を噛んだときのプップツした歯ごたえは、北国の旅情を一層濃くした。青森駅に到着するまでの間、新幹線のなかでのんびりのもうと買っていた四本の缶ビールが、この鰊と弁当の数の子だけで空になった。そして、残った炊き込みめしを沢庵でかき込むのがまた、うまい。酒のみにとって、こんなありがたい弁当はない。

その日は、北海道の岩見沢にある家具工場の広報誌をつくるために、東京の仕事仲間たちと出張しての帰りだった。仕事を終えるとみんなは飛行機で足早に帰っていった。せっかく北海道まで来たというのに、仕事を終えてすぐ帰るなどもったいないではないか。僕は一人、札幌から列車を乗り継いで本州へと戻ることにしたのである。のんびりと北海道の雪景色を眺めて、開通したばかりの北海道新幹線に乗ってみたかった。列車は雪の札幌の街をぬけると、波が打ち寄せる雪の白い浜辺を走っていった。僕はただただあきることなく、列車の窓から見ていた。一人旅の感傷が通り過ぎていく景色を風景画のように思わせ、雪景色を描いてみたくなる。

新函館北斗駅での乗り換えのとき、売店で「鰊みがき弁当」と茶色い包装紙に素朴に書かれたこの弁当を見たとき、迷うことなく買い求めた。あの弁当には北海道の雪景色が似合っていた。あれを食べるために、また真冬の北海道へ行こうか。

うまかったラーメン。そして中華そば

四十代の半ばごろまで、ラーメンというものが好きで仕方なかった。書店でラーメンを特集した雑誌を見つけると迷わず買い、おいしいラーメン屋があると聞けば、それを食べるために旅に出た。ふり返ると、なぜそれほどまでに、とあきれてしまう。若さとは、ラーメンなのか。生まれ育った九州では、豚骨ラーメンばかり食べていたが、東京に暮らすようになってからは、醤油味の中華そばも好きになった。食べ歩くほどにラーメンへの好奇心は高まる一方で、地方の味もたしかめてみたくなり、喜多方や鹿児島、広島、佐野などのラーメンがうまいと

評判の街へ、ただラーメンを食べるためだけにわざわざ出かけていった。喜多方へ行ったときなど、取材でもあるまいに片っ端から店に入り、朝の「源来軒」からはじめて、ラーメンマップを片手に一日に五杯食べたこともあった。なにかひとつの食べ物に固執するというのは、精神的に追いつめられた人がとる行動だと友人に言われたことがあった。が、何と言われようとも、楽しみで仕方なかった。尾道の「朱華園」、鹿児島の「鷹」、長野の「ふく

や」など、おいしかった店がいくつもあるが、もっとも衝撃的だったのは、多治見の「信濃屋」の中華そばだった。叉焼もメンマもナルトもなく、わずかに葱をのせただけのあの一杯が忘れられない。

食べ歩きを続けるうちに、自分でも作ってみたくなり、「かん水」を買ってきて麺を打ち、叉焼を焼き、寸胴鍋で鳥ガラや野菜、果物を煮てスープを作り、自分の理想のラーメンの研究をはじめた。まだ画家として駆け出しの頃で、絵も売れないし、食えなくなったらラーメン屋をやろうと本気で考えたりもした。

還暦となったいまは、さすがに食べ歩きの元気もなくなり、酒をのんだあとのラーメンも食べなくなった。最近は、ラーメンよりも、そばやうどんを好んで食べるようになったが、ときどき家であっさりスープのラーメンを作る。もう麺を打ったりはせず、市場でいろいろなおいしい麺が売られているから、それを買ってくる。煮干しやカツオ節で出汁をとり、ナルトとメンマ、葱と海苔をのせただ

家でつくる中華そば。スープは、かつおと昆布、豚バラ肉の出汁に、酒、みりん、たまり醤油などで味付け、わずかに、白葡萄酒を加えてあっさりと仕上げる。麺は硬め。贅沢に、ナルト二枚なり。

けの簡単な中華そばだ。ときどき、叉焼を焼いてのせることもある。たまに家に来たお客に出すこともあって、おいしいと言われるとうれしい。

懐かしのマルタイラーメン

独特の赤と黄色の細長いパッケージ。マルタイ棒ラーメンは、まっすぐな細麺の、九州で生まれたインスタントラーメンだ。他のインスタントラーメンの麺は縮れているが、九州のラーメンが白くまっすぐだから、このようにしたのであろうか。子供の頃から慣れ親しんだ味は郷里の味であり、僕にとっては思い出の父の味でもある。父が作るインスタントラーメンは、いつもこれであった。東京でも売られているので、ときどき作って食べる。五十年前、豚骨ラーメンが主流の小倉では、このラーメンの醬油味は珍しかった。

学校が休みの日の昼などに、家で父が「ラーメン、食べるか」というときは、すなわちマルタイラーメンを作るぞという意味であった。家族たちに尋ねるような、自ら作るのを宣言するような一言。返事をするかしないかのうちに、台所に立って湯をわかし、テーブルに丼をならべて葱を刻みはじめる。もう、自分が食べたくて仕方なかったのだろう。テレビの前で遊んでいる子供たちにとっては、やけに気ぜわしい感じもしたが、傍らで麺が茹であがるのを楽しみに見ていた。

幼い頃は気づかなかったが、父は相当の麺好きであったらしく、僕が中学に通うようになった頃、経営していたスーパーマーケットを閉めて、うどん屋をはじめてしまった。思えば、その頃から麺の茹で加減にはうるさかった。鍋に乾麺の束を投入すると、腕時計の秒針を見つめ、じつに神経質に箸で麺を泳がせた。やがて鍋のなかに白い泡がたちあがってくると顔を近づけ、ふうーっ、ふうーっと息を吹きかけたり、わずかに水を落としたりしてふきこぼれないよう細心の注意をはらって、ガスの火を弱めずに茹でていた。そろそろ茹で上がるというところで、箸で数本摘み上げてひとさし指の腹にのせ、目を細めて茹で具合をたしかめ、わずかに芯を残して火を止めた。この間、二分あまり。その表情をみて、子供ながらにいま声をかけてはいけない、インスタントラーメンとは、かくも真剣に作らねばならないものなのかと緊張した。

具に小葱とハム、もやしは欠かせない。「よーし、できたぞー。食べるぞー!」と湯気をたてながら、出来上がりを手際よく丼に注いでいくのであるが、このとき「わぁ、おいしそう」などと歓声をあげて自分の分を取りにいったり、茶碗にめしを盛るなどの手伝いをしないと父の機嫌が悪くなることを、家族みんなが知っていた。そう、九州ではラーメンといっしょに、めしを食うのだ。ラーメンは、おかずという感覚がある。子供なので父のように熱々の麺をすすることはできず、ふーふーやりながら食べた。しかし、なにしろ食べ盛りである。麺を食べ終えると、丼に残ったスープにめしを投入して、カレースプーンでむしゃむしゃかきこんだ。うまかったなァ。

直角のコハダ

コハダが好きで、鮨屋へ行ったらまずはじめに切ってもらい、酒をのむ。ほんのりと酢と塩がきいて、あっさりとした切り身は、これから酒をのむ舌を、ほどよくゆるやかな傾斜で受けとめてくれる。

そのコハダが夢に出てきた。夢のなかで僕は、コハダの絵を描いていたのである。何故かコハダは二枚直角に並んでいるのだが、そのバランスがよくない。それで数を増やしていくと、画面がコハダだらけになって、今度は息苦しい絵に

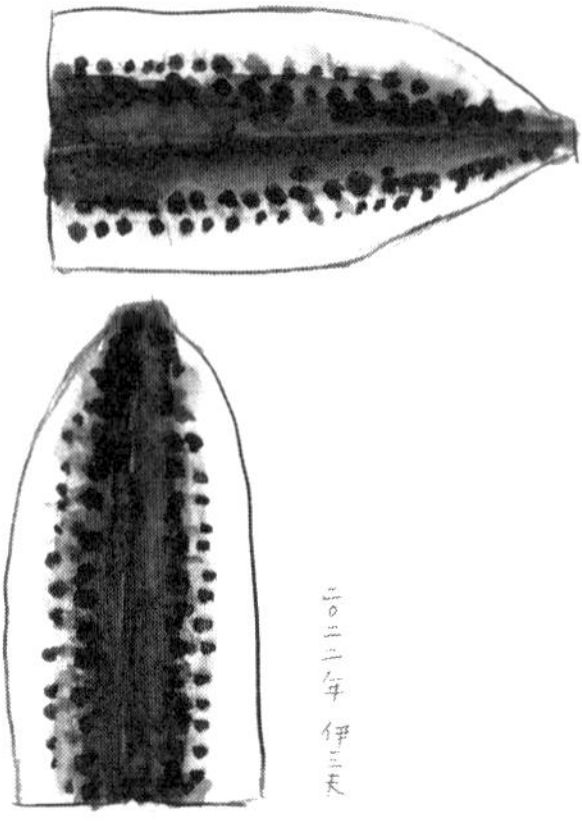

なった。ああ、これは失敗だな……。そう思っていたところに、僕の所属するある美術団体の事務局から連絡がある。最近、会員にコハダの絵を描かせようとするいたずらが横行しているのだという。注意するようにとのこと。何のことやらと思ったが、ああ、もう描いちゃったよ、とがっかりしたところで目が覚めた。目覚めてからも、その直角に並んだコハダの画像がはっきりと記憶に残っていた。

それにしても、なぜコハダの夢など見たのか。考えていて、ふと、最近食通の友人と鮨屋へ行く約束をしたことを思い出した。その友人から二日ほど前に届いた手紙に、どこの店に行こうか、できれば江戸前がいいというようなことが書いてあったのだ。そのとき、山口瞳さんが、「寿司政のシンコを食べないと夏が終わらない」と何かの本に書いていたことを思い出した。この粋なフレーズが、僕はどうにも好きなのである。それで九段の「寿司政」を予約しようとしたのだが、なかなか勘定が高いのでためらっていた。が、食通を誘うのに中途半端な店はいけないだろう。それに自分も久しぶりに行ってみたかった。もうシンコの季節は終わったけれど、コハダならばあるだろう……と、銀色の身にスッと包丁の切れ目の入ったコハダの握りを何度も思い浮かべていたのだ。

目覚めてからも、夢に出てきた直角に並んだ二枚のコハダが気になって仕方がなかったので水彩画にして描いてみた。夢のなかでは、うまく描けずよくないと悩んでいた余白とのアンバランスさが面白く思え、けっこういいなと思う絵が描けた。それにしても、この絵は一体なんであろう。不思議に思って、ひとまず個展に出品したのであるが、何人もの人に欲しいと言われて驚いた。思いがけない人気に、同じ絵を何枚か描いてみようとも考えたが、画家としてそのような商売気はよろしくないであろう。コハダがこれほど好まれているとは、知らなかった。

三つのお店のこと

お世話になった編集者の方から、ある雑誌で東京でおすすめの店を三つあげてほしいという依頼があった。こういうとき僕は、まず最初に好きなお店が混み合うようになってしまい、自分が行けなくなったらどうしようと思う。一方、お店にとってはどうだろう。お客が大勢やってきて繁盛した方がよいのだろうか。それとも、もともとよい店であるから常連もついているし、記事を見てやってくる客たちに仕事のペースをみだされるのは嫌だろうか。そんなことを考えつつ、まぁ、小さなコラムのような記事だから大丈夫だろうと引き受けた。紹介することにしたのは、「でめてる」という名の自然食のレストラン、「笹鮨」、「珍味亭」という台湾料理店の三つ。

「でめてる」というのは、ギリシア神話に登場する穀物の豊穣や大地での生産の女神の名だ。この店の開店は今から約四十年前。農薬や化学調味料などによって食の安全が問われはじめた頃だった。菜食主義者やヒッピー文化が根付いた、いかにも中央線の国分寺らしい店であり自然食の食堂の草分けである。まだ無農薬野菜が珍しく、マクロビオティックもなく、地産地消などと言う人もいなかった時代。安全な食を提供したいと契約農家や漁業関係者から素材を仕入れる店は少なかった。僕はこの店で黒ごまをのせた玄米ごはん、麩やひじきを使った料理などのうまさを知った。「でめてる定食」は玄米ごはんに味噌汁、数皿のおかずがつくこの店の看板メニューだ。品書きは毎日黒板に貼り出され、店に入ると今日はどんなおかずかとまず黒板を見る。

「笹鮨」へは先代の頃から通っている。季節の魚だけしか置かず、頑固に江戸前を貫くすし職人の仕事ぶりにはいつも脱帽させられる。本マグロより旬のカジキマグロの方が高級だと教わったのはこの店だった。十二月になると珍しい乾燥数の子を戻したのも出してくれる。少しずつ握ってもらって燗酒をのむのが愉しみなのだが、贅沢にタネをのせた「ちらし」も時々注文する。おひつではなく丼ぶり茶碗に盛られたちらしは珍しいのではないだろうか。これを注文すると、まずタネだけをつまみ、お銚子を二本ばかり空ける。それからシメに熱い茶をいただいて、丼に残った酢めしをかき込む。腹も満たされるし、勘定も安くすんでありがたい。

「珍味亭」では、台湾流の上品な味付けで調理したタンやカシラ肉、ガツなどを肴に紹興酒をのむ。小さな店だが、ここは昔ながらの路地裏の店の趣きが漂う心落ち着く酒場だ。小さな卵をかたく煮しめた「ローラン」という料理があり、常連客達は「たまご、ちょうだい」と言って注文するのだが、これがなかなかうまい。ただ切っただけのセロリをバリバリ齧りながら、このローランや肉をつまんで酒をのむのは実に愉快で、いつものみすぎてしまう。店の人が紹興酒を一升瓶からコップに注ぐとき、あふれるぎりぎりのところで止める技もまた素晴らしく、いつも拍手をする。何杯ものんで、さいごは度数の高い高粱酒《こうりょうしゅ》でしめくくる。こうして書いているだけで、どうにも店へ行きたくて仕方がなくなってくる。

池波正太郎ゆかりの上野、浅草を歩く

もう十五年ほど前になるだろうか、酒場で顔なじみになった画家の先輩から、池波正太郎の文庫本をどっさり渡されたことがある。その束のなかに、タイトルは忘れてしまったが、小説とは別に食べ物の随筆集があって、やたらとうまそうな一文を見つけた。夜半、書斎で仕事をしていて腹がへってきた。それで、階下の台所へ降りていく。お櫃のなかに、めしが残っている。茶碗にもり、生姜をおろしてめしのうえにのせ、醤油をかけて、かきこむ。「生姜めし」である。読んでいて、もう、たまらなくなった。以来、よくこうしてめしを食っている。

それからしばらくして、また池波正太郎にやられた。今度は別の随筆集にあった「ポテト・フライ」。親指の先ほどに小さく切ったジャガイモに、パン粉をつけて揚げ、生キャベツにウスターソースをたっぷりかけて食べるというもの。下町の肉屋の惣菜で、こればかり好んで食べるので、遊び友達から「ポテ正」とニックネームをつけられたという話だった。やはり、いてもたってもいられなくなり、さっそく家の台所でつくった。カリっとしたパン粉の香ばしさと、ウスターソースというところがミソで、冷えたビールに本当によく合う。いまではすっかりわが家の献立の定番となり、「ポテ正」と呼んでいる。

少しずつ食べ物についての随筆を読んでいくうち、同じく居職の僕は、池波正太郎のように、家での晩酌をなによりの楽しみに仕事をしているところなど、共通点が面白くなってきた。彼は妻が献立を考えやすいように、日記に食べたものを記していたが、僕も同じく、妻のために毎日の献立を紙に書き記している。旅

不忍池の蓮と弁天様。

に出るときは、まず、どこの店で酒をのむかと考えをめぐらせるところも、まったく一緒だ。店の選び方も、どこか似ている。遠かった池波正太郎を、だんだんと身近に感じるようになった。

そんな池波正太郎ゆかりの上野、浅草を歩いてみることにした。不《しの》忍池《ばずのいけ》へ向かうと、夏の間に青々とした大きな葉をのばした蓮と葦が、一面を覆っていた。ここは空がとたんに広くなって、実に気持ちがいい。

まずは弁天様にお参りにいく。芸能の神様だというので、僕は毎年、正月にお参りに来て、アトリエの神棚にあげる御札をいただく。手水舎のすぐそばに画家の熊谷守一が揮毫した長谷川利行《はせかわとしゆき》の碑があり、いつもここにも手を合わせる。江戸時代には、池畔に男女の密会の場であった「出会い茶屋」が軒を連ねていたというこの場所を、池波正太郎は、どんなことを考えて歩いただろうか。

幼少期、池波正太郎は、祖父に連れられて上野の美術館に絵を見に来ていた。彼は、クレヨンを与えるといつまでも一人で遊んでいるほど絵が好きな少年で、ある時期まで、日本画家の鏑木清方《かぶらききよかた》に弟子入りして画家になることを本気で夢みていたという。また、本が好きで、少年向けの本では満足できず、大人向けの小説を小遣いで買って読んでいたらしい。成績すこぶる優秀ながらも、六歳で両親が離婚したことで、尋常小学校を卒業後に株屋で働き、仕事をしながら執筆を続け、やがて戯曲を書き、小説家となる。まるで彼の生涯そのものが小説のようである。そんな生涯に思いを馳せながら、池畔を歩いていくと、池之端《いけのはた》に「十三や」という江戸の面影を残す櫛屋があった。のぞくと、いかにも立派なツゲの櫛がならんでいる。一本三万円。自分には少々高価すぎるとも思ったが、池波正太郎生誕百年の記念に買ってみることにする。そして彼の故郷である浅草へと向かう。

池波正太郎は、浅草寺《せんそうじ》の裏手にある聖天町《しょうでんちょう》で生まれた。少年時代、大好きだった「どんどん焼き」の屋台のおやじに憧れ、弟子入りしたいと母に言って叱られたこともあったという。その当時多くあった浅草の映画館へは、学校をさぼってまで通った。観光客があふれる仲見世を歩いて、浅草寺を描いてみる。

池波正太郎は、まだ筆一本で食べられなかった若かりし頃、勤めから帰って晩飯を食い、酒をのんで数時間寝たあと、書斎にこもって明け方まで執筆をした。

浅草寺。

執筆を終えると、ウィスキーをのんで、また寝た。この習慣は晩年まで変わらなかった。そのあと目覚めてからとる食事のことを、朝食とはいわず、第一食と呼ぶのが面白い。そして日中は、映画の試写など見に外へ出かけていった。

浅草では午後三時ごろの、客がいなくなった並木の藪で、静かに酒をのむのが好きだった。随筆には、こうしたいかにもうまそうな趣きのある情景がいくつも登場する。どうにも、自分もそうした酒をのんでみたくなって、午後四時まえ、並木の藪へ行ってみる。お客は、ひとつの席にわずか二人。お昼どきは行列の店は、ひやりと静まりかえっていた。「まさに、この空気だ」と思う。まずはビールを一本。それと、わさび芋と海苔をもらう。いつしか、にわか池波正太郎になりきって、ざるそばと板わさでお銚子を二本ばかりのんでいると、若い男が入ってきて池波正太郎が好んだ「鴨なんばん」を注文し、まだ時期でないのでやっていないと断られた。きっと、この人も随筆を読んでやってきたにちがいない。念願の昼下がりの、ひとり酒をやったが、まだお腹に余裕がある。よし、もう一軒だ、と池波正太郎が通った洋食屋のヨシカミへと向かう。

カウンターに座ってビールとロースカツを注文する。厨房で懐かしい感じのするコックコートを着た調理人たちが、熟練の手つきでフライパンに炎をあげてステーキを焼いたり、めしを焼くのに振るのを見ているだけで愉快である。ロースカツをつまんでのみながら、昼間に西浅草の池波正太郎記念文庫で見た彼の絵を思い出していた。絵描きに憧れ、ヨーロッパのモダニズムと、江戸の粋とをゆらゆらと愉しんで描いた絵。あれはまさに、浅草生まれの池波正太郎にしか描けない絵だろう。

池波正太郎の作品に触れると、かつてあたりまえにあった東京の人情や、かわらぬ昔の味が、なんともいとおしくなってくる。いま、世の中が軽薄になっていけばいくほど、池波正太郎のファンはふえるにちがいない。僕も、その一人だ。

並木藪。

さて、食べ物の随筆ばかりでは、小説家に申し訳ない。『鬼平犯科帳』の続きを読むとするか。浅草を歩いていると、あの拍子木の鳴るような小気味よいテンポの、面白い本が読みたくなってきた。

お酒と銭湯

酒場を探して

好きな人と酒場へ行って、なんでも、気の趣《おもむ》くにまかせて話してのむ酒ほど楽しいものはないと思う。それもよいけれど、またひとり酒場でのむ酒というのも捨てがたい。こちらの方が、ずっと酒場にとけ込んで、酒が心にまわってくる。静かで、ゆっくりとした酔いに、あれやこれや思い出したり、妄想したりする、そういう時間がなによりも心地よいのである。声もかけず、放っておいてもらえるのが、ありがたい。

思えば学生時代から、僕はひとりで酒場へ通っていた。八王子の美術大学へ通って、京王線の府中駅近くに下宿していた頃である。府中駅前に「酔呑《よいどん》」という、脱サラしたおやじさんが一人でやっている居酒屋があって、週に何度かそこへ酒をのみに行った。おやじさんの年齢をたずねたことはなかったが、今思い返してみると四十前後ではなかったか。

この店には、他にお客がいることはめったになかった。たまにお客がやってきて入ろうとするとお客は僕ひとりだけで、カウンターもテーブルも空いているというのに、「いっぱいです」と追い返すのだった。はじめのうちは後で予約したお客たちが来るのだろうと思っていたが、いつも帰るまでお客がやってくることはなかった。何度かそういうことが続き、学生ながらに、こんなことでやっていけるのかと心配して、どうして客を追い返すのかとたずねてみると、

「俺はね、もう嫌な奴のために働くのは辞めたんだよ」

と、眉間にシワをつくってこわい顔をして言った。大手企業で働いていた頃よ

ほど嫌な思いをしたにちがいなく、僕は激しい口調に繊細な心の持ち主であることを感じとった。

その後、たまに「いらっしゃい」と通されるお客が数名いた。どうやらおやじさんはお客が入り口で顔をのぞかせた一瞬で直感的に見分けていたようである。どうして僕は入れてもらえたのか聞かないままだったが、なんとなく相性がよかったのだろう。

焼酎で煮こむという豚の角煮がおいしくて、いつも注文したが、のみながら、おやじさんとぼそぼそと話をした。

「芸術家は、旅をしなくちゃいけないよ」

というのが、おやじさんの口ぐせだった。

ときどき自分のまかないにつくった厚焼き玉子を分けてくれたが、これを大根おろしの入った、そばつゆにつけて、ごはんと一緒に食べるのだ。下宿で一人暮らしだった僕にはありがたかった。

勘定はいつでも千円だった。出世払いだよと、それ以上はけっして受け取らないので、申し訳なくなって、郷里に帰省した折に土産など持って行ったと思う。

美術大学を卒業して、丸の内の広告制作会社に就職したとき、会社の名刺を持って挨拶に行くと、お祝いにごちそうしてくれた。しかし、その後毎晩遅くまで残業をするようになり、深夜に都心の酒場でのむようになって次第に足が遠のいていった。そして、就職して二、三年たった頃だったか、あるとき久しぶりに行ってみると、ちがう名前の看板が出ていた。居ぬきで別の店になっていたのだ。前ぶれもなく、おやじさんがいなくなったことが淋しくて、その店に入ることはなかった。おやじさんは、いま、どこでどうされているだろうか。学生時代にこんなやさしいおやじさんのいる酒場に出合えたことは、しあわせだった。

五年ほど勤めて、画家になるために会社をやめ家で仕事をするようになった。

収入がなくなり、電話を止められることがたびたびという生活になったが、酒だけはのみに行っていた。当時住んでいた武蔵小金井の家のそばに「大黒屋」というもつ焼き屋があって、いつもそこでのんでいたが、この店へは、それから三十四年たった今もときどき行く。僕は、好きな店があるとそこばかり行くようになる。

旅先では、繁華街を路地裏まで酒場を探して歩いてまわる。もちろん酒をのむためであるが、酒場としての佇まいが大事なのだ。ひとことで言えないが、僕はどうも人一倍好きな雰囲気を求める気持ちが強いようだ。あきらめて気に入らない店でのんでいると、自分がだんだん不機嫌になることがわかっている。そんな店に入るくらいなら、缶ビールと柿ピーなど買って、公園のベンチかホテルの部屋でのんだ方がましだと思う。このあたり、自分でも手に負えないのである。だから、必死で探してまわる。友人や仕事仲間が一緒のときでも平気で一時間も二時間も酒場を探して歩いてまわるから、あきれられて、どこでもいいから早くのもうと言われてしまうこともある。たまに同じくこだわりの強い人がいて、こういうときは、探偵団になったかのように、一緒に、直感と経験をたよりに、横丁や路地裏、ビルのなかまでのぞいてまわる。そうやって、思いがけなくいい店にたどり着いたときのうれしさといったらなく、滞在中、毎晩通う。仙台の国分町から、アーケードの路地まで四時間ばかり酒場を探して、文化横丁に「源氏」を見つけたときなどは、あまりにうれしくて、この店でのむために二晩延泊した。

いい店というのは、僕の場合、すごい酒をそろえているとか、手のこんだ料理を出すとか、コストパフォーマンスがよいとかではない。たとえば、路地裏で地元の常連がのんびりと独り酒を愉しんでいるような店があったとする。その店の壁には、ポテトサラダや肉じゃが、メンチカツ、卵焼き、ぬたなんかが手書きされて貼ってある。ずいぶん前から貼られているのだろう、その品書きはすこし褐色に日焼けしており、最近値上げしたのか、金額のところに修正の紙が貼ってあったりする。古い店だが、テーブルがぴかぴかに磨きあげられ、掃除が行き届いているから、自然、厨房のなかも清潔なんだろうと安心する。僕は、清潔であるということを、とても気にする。ビールを注文するとよく冷えていて、グラスは、薄く小さく小洒落たのやら、女の体みたいな曲線を描いた形のではなく、昔からある平凡な形のビールグラス。そんな店に入ると、たまらなくなる。

あるとき、友人たちと巣鴨に遊びに行って、路地の入り口にどうかな、と思う居酒屋を見つけ、扉をあけてみると、まさにそのような店だった。しかし、僕らはのむ前に銭湯へ行こうとしていたので、女将さんにお風呂へ行ってからまた来るので席をとってもらうようお願いしたところ、女将さんは、「ハイ」とひとこと答えただけで連絡先も名前も聞かなかった。その商売気のなさと、一見の僕らを信用する様子を見て、ここがいい酒場であると確信した。そしてこの店は、予想以上の素晴らしい店だった。その晩は仲間たちと大当たりだねとはしゃぎ、閉店時間まで、おおいにのんだ。

酒場を選ぶ勘というのは、ただもう、のんでまわるしかない。店の名や看板、暖簾、入り口の盛塩、扉の雰囲気など、小さなサインに気づくようになる。これまで入り口にパトランプや電光掲示板のある店で好ましいと思ったことはない。僕がいいなと思う店は、いつも控え目に、ひっそりと佇んでいる。好ましい店にたどり着ける確率は、年齢を重ねるごとに高くなってくる。若い頃は、せいぜい一割か、二割で、惜しい思いをすることが多かったが、このごろは勝率九割くらいか。店に入って、あ、ちがうなと思って、ビール一本のんで、店を出たことが何度もあった。わずか数時間、そこで酒をのむということだけであるというのに、まったく、命がけなのだ。

ある日の立石、赤羽

編集者の秋山都さんと、雑誌の取材で立石、赤羽の酒場へ行った。

立石の「宇ち多」は、お昼の二時開店。一時半すぎに店に到着すると、すでに入り口に行列ができていた。上等のもつ焼き屋の開店は早い。午後三時とか四時には、酔っぱらいでいっぱいになっている。会社勤めの人たちが普通に仕事を終えて店にたどり着く午後七時頃には、もうほとんどの部位が売り切れて、残りのものしかない。寿司屋が魚河岸に行くように、毎朝早朝から新鮮な肉を仕入れに行くから、早じまいするわけだ。常連によると、タタキのように軽く炙ったものは「若焼き」と注文するそうだ。向かいの常連が、うまそうな小皿をつまんでいたので尋ねると、「タン生です。よかったらどうぞ」と分けてくれた。ゆでた冷製タンだ。遠慮なくいただくことにして、お返しに僕等の小皿を差し出した。僕らはウメエキスを落として、生の焼酎をのんだ。

二軒目は「鳥房」という、鶏をまるごと一羽揚げたものを食べさせる店に行くと、まだ午後四時前だというのに、もう開店を待つ客が並んでいた。末尾に並び、無事店に入ると鶏の一羽分の唐揚げがでんと置かれた皿が出てきた。これを店のおばさんがやって来て、目の前で足の一部を紙ナプキンでつかみ箸で手際よく小さくバラしてくれる。その熟練した技に思わず「おおっ」と歓声をあげてしまうが、たまに「自分でやります」という客がいる。するとおばさんはたちまち不機嫌な顔になる。ここはぜひお願いしたいものだ。「こんなに無言になる鶏は初めてですよ」。葡萄酒をあおり、むしゃむしゃ食べながら言う。秋山さんも、「こうやって、インド人みたいに手を使ってお皿のキャベツを指でつまんで食べるとおいしいわ」と前傾姿勢をくずさない。立石で肉を肴にのみ歩いていると、夏バテも忘れてしまう。

その数日後、赤羽へ行った。「埼玉屋」のオヤジさんの、焼場でのちょっとエッチな語りは健在だった。「いま、どうなってんだ、肉。高くってしょうがないよ。でも、これ食ったら最高だよ。最高の世界、入れちゃう」。秋山さんのほうを向いてニヤニヤしながら言う。秋山さんは顔を赤らめる。

「俺、話すといやらしいから」

「今の、書いていいですか」

僕が取材ノートを取り出すと、「オフレコだよ、オフレコ」とオヤジさん。そんな下ネタもとび出すが、ここのもつ焼きは実に洒落ていて、バジルとバターをのせたのが出てきたりする。今年の夏は十日ばかり休みをとり、ヨーロッパを旅してうまいものを食べ歩いて来たらしい。このごろ、レバーを生で出さないようにと保健所から指導があったらしく、「うち、すぐそばに保健所があっしょ。来るんですよ。『社長、焼いてますよね』なんて言うんだ。バカヤロ、テメエさんざん来てレバ刺し食ってたじゃねえかよ、ってんだ」。オヤジさんが言うのを聞いて、レバ刺しが大好物だった秋山さんと僕は、「レバ刺しデモだ!」「レバ刺しを食わせろー! 食わせろー!」と拳をふりあげた。

この日は二軒目に「米山」へと向かった。ここで、僕の高校時代の先輩の酒豪、山崎陽子さんと待ち合わせていた。到着するとすでに行列。山崎さんはなんと一番前に並んで、蚊にさされないようにと虫よけスプレーまで持参し、万全の態勢で六時十五分の開店を待っていた。レバーに刻んだ葱とニンニクののった小皿がついて出てくる。「醤油かけますか」と僕が言うと、山崎さんと秋山さんは口をそろえて「いらな〜い」「基本だよね〜」と、塩とゴマ油だけで食べた。そして二人とも「う〜む、う〜む」「う〜む、う〜む」と首を左右に振って、無言で堪能するのだった。最高だ。僕らは串が焼きあがるたびに、待ってましたと食らいつき、焼酎のおかわりをつづけた。

大黒屋のこと

散歩の途中、武蔵小金井の駅前商店街のはずれに大黒屋を見つけたのは、もう二十五年以上昔のことである。現在はマンションの一階で営業をしているが、当時は木造平屋の屋根に赤いトタンの煙突が立ち、瓦には柿の木が葉を落として、武蔵野の田園風景の面影を残していた。

まだ外は明るかったが、木枠のガラス窓から店の中をのぞくと、すでに何人かのお客が酒をのんでいた。家の近くに気安く通える酒場がほしいと思っていた僕は、そのたたずまいに心惹かれて迷うことなく縄暖簾をくぐった。入るとき、引き戸がガラガラと音をたて、はげしく開けると壊れてしまいそうだったが、そういう素朴な雰囲気も僕の好みだった。気丈そうな女将さんが串を焼いていて、その前で常連客たちが野球中継を見ながらのんびりのんでいた。そこへ座りたいと思いながら、まだ二十代半ばの若造であったから、気がひけてテーブル席に一人腰をかけた。安っぽい南洋材で作られたテーブルは少し傾いていたが、よく磨かれて清潔で、とても気持ちがよかった。

僕は、まだもつ焼きというものを知らず、ハツ、カシラ、コブクロ、膣などの壁に貼られた品書きを見て、どんなものが出てくるのかと思いながら注文した。思い返せば、もつ焼きの味を覚えたのはこの店である。ほかにも、じゃがいも入りのもつ煮込み、明日葉のおひたしなど、それまで知らなかった酒の肴が並んでいた。ずいぶんのんだと思うが勘定は思いのほか安かった。そのころ、勤めていた会社を辞め、安アパートの一室をアトリエにして絵描きの生活をはじめたばかりだったので、ありがたかった。天気のよい日は、朝から自転車の荷台に弁当と画具を積んで家を出て、近所の小金井公園や野川公園で暗くなるまで風景画を描き、帰りに大黒屋に立ち寄って、もつ焼きでビールをのむのが楽しみになった。愚にも付かぬ絵ばかり描いているだけの生活だったが、それでも時折、ふと、自分の絵がわからなくなって、あせりのようなものがこみあげてくることもある。そんなときは、この店のマッチ箱に書かれた「今晩のんで明日は仕事」という言葉を見て、ああ、いろいろなことは、明日考えればよい、と思ったものである。

大黒屋の近くには栗林や、畑に無人の野菜売り場があったりして、今ものどかな武蔵野の風景が残っている。マンションに移ったとき、ぴかぴかの店になって、昔の雰囲気が無くなってしまうのではないかと心配したが、女将さんは煙でいぶされた品書きの一枚一枚まで、新しい店に持ち運んだ。店内のレイアウトも昔のままである。このごろはいくらか常連の仲間に入れてもらえたようで、女将さんからは焼き場の前のカウンター席をすすめられる。しかし僕は、昔のままの青臭い自分がまだいて、やはりテーブル席でのむ方が落ち着くのである。

トタンの看板、赤い煙突が素敵だった、かつての「大黒屋」。現在はマンションの一階に移転したが、店主がもつを焼く煙で燻された品書きの一枚まで持ち込んで、当時の雰囲気を大事に残している。

銀座のバーのサンドウィッチ

どこかで食事を終え、ウィスキーかカクテルか、そんなものに口をつけて、チョコレートやドライフルーツなどつまんでのんでいると、なんとなく小腹がすいてくる。サンドウィッチを食べたくなるのは、こういうときだ。ビールも一緒に注文してつまみ、皿に残ったパセリまでむしゃむしゃ食べて、ビールで胃袋に流し込むのである。バーで出てくるサンドウィッチは、レースペーパーにのせられたり、パセリが添えられてあったり、可愛らしく洒落ている。その姿を見ているだけで、愉快になってくる。

コロナでしばらく銀座のバーへ行かなかったが、七月のはじめ、久しぶりに出かけてきた。バーのサンドウィッチの絵を描く仕事の依頼があったのだ。一軒目は「銀座サンボア」。大阪、京都の老舗バーの銀座店で、うまいサントリーの角ハイボールを出すことで知られる店だ。扉を開けて入ると、足置きに足をのせて立ってのむカウンター席がある。名物のハイボールとサンドウィッチを注文すると、ユニオンジャックの絵柄のコースターが敷かれ、氷を浮かべず、よく冷やされて霧のような細かい汗をかいた十オンスのタンブラーグラスに並々に注がれたハイボールがでてきた。

サンドウィッチの方は、ローストビーフを小さな丸い形のフランスパンではさみ、ハンバーガーのような形をしており、甘酸っぱいピクルスも添えられている。いますぐかぶりつきたかったが、まずは描かなければならない。ハイボールをひとくちのんで、うす暗い明かりのなかで画帳を開いて絵筆を走らせる。いますぐ

銀座サンボアのハンバーガーとウィスキーハイボール。

食べたい気持ちを抑えて描き終え、ようやくかぶりついたそのサンドウィッチの、なんとうまかったことか。むしゃむしゃ食べて、ハイボールで追いかけると、思わず、ふうっとため息が出た。

サンボアを出て、もう一軒、サンドウィッチがうまいと評判の「カフェバーK」へとハシゴする。ここは、ロースカツサンドがうまいと聞いていた。黒い皮張りの椅子がある席に通されて、それを注

カフェバーＫのカツサンドとエビカツサンド。

文しようと思いながらメニューに目を通すと、海老フライ、真鯛のフライのサンドウィッチというのもある。豚ロースも海老も真鯛もどれもうまそうで、迷うことになる。ひとまず、マスターに量はどのくらいあるのかとたずねてみると、「みなさん、一皿をぺろりと召し上がりますよ」という。それで全部注文することにした。小さく切り分けられた三種類のサンドウィッチは、うっすらと焼き色がついており、実にうまそうで、上質な揚げ油の香りがした。思わず鼻を鳴らしたが、こちらもまずは描かねばならない。すでにサンボアのサンドウィッチが腹におさまっているから、いくぶん心にゆとりがあった。が、やはり早く食べたい。そのあと、ビールを注文したのだが、ゆっくりと走っていた絵筆が途中から加速していく。評判通り、この店のきれいな薄桃色のロース肉をのぞかせたカツサンドは絶品だった。

「牧野めじろ園」と高円寺の街

二年ほど高円寺に住んでいたことがあった。住所は高円寺だったが、中野駅のそばの三階建てのマンションだった。二階の部屋の鉄製の柵のついた広いヴェランダには、ときどきメジロがつがいでやってきた。僕は濃い緑色をして、目のまわりに丸くおしろいを塗ったようなこの野鳥を見るのが好きだった。来ると仕事の手を止めて、少しでも長くいてほしいと思いながら眺めていたが、そのうち、針金を鉄柵に巻いた先に半分に切ったミカンを差して待つようになった。メジロたちは、そのミカンを、用心深くキョロキョロしながらつついて、しばらく遊ん

住んでいた高円寺のマンションのヴェランダからの眺め。

でいくようになった。思い通りに手なずけることができ、うれしく思った僕は、そのミカンの傍らに「牧野めじろ園」と筆書きした小さな紙の看板をとりつけて、その餌場の主になった気分でいた。そして、いつもカメラを手元に置いてメジロたちがやって来るのを心待ちにしていたが、あるときからヒヨドリも来るようになった。メジロの体の何倍もあるヒヨドリが来ると、メジロたちは、ぱっと逃げるように飛び去ってしまう。ヒヨドリは灰色の汚らしい毛をして、ギーギー騒がしく啼くばかりで、少しも可愛らしくない。しかも、あっという間にミカンの実を食べつくし、黒い種の混ざった赤紫色のフンを遠慮なくまき散らして去っていく。僕は憎憎しく思いながら水をまいてデッキブラシでフンの掃除をしていたのだが、縄張り争いに敗れたのだろう、メジロがまったく来なくなってしまい、やむなくそのめじろ園を閉園した。

引っ越しをして新しい町に住むときは、まずはじめに酒場と喫茶店、それから銭湯を探してまわる。高円寺へ越してきたときもそうだった。一日のほとんどの時間を家ですごす居職の僕にとって、家とは別に心休まる場所がどうしても必要なのだ。毎日の仕事を終えて、銭湯の広い湯船にぼんやりつかり、酒場で一杯やっていると、たとえ仕事がうまくいかなくても、今日は今日でいい日だったなと思えてくる。日暮れて家を出ると、馬鹿のような顔をして銭湯まで歩いていく。

近いので中野駅そばの銭湯や酒場へ行くことが多かったが、少し長く歩いてみたくなって高円寺まで歩いていくこともあった。そうしていつものように銭湯へ行って酒をのんでいるうちに、「小杉湯」につかり、「一徳」から「唐変木」へとハシゴするのが決まりのコースとなった。

住んでいたマンションから高円寺までは歩いて二十分ほどかかった。環七道路を渡ると駅の南と北にそれぞれ商店街があり、中央線のガード下にも食堂や酒場が軒を連ねている。古本屋や画材店、八百屋、魚屋、名曲喫茶など、魅力的な店が多くある。

小杉湯がいかに素晴らしいかということは、いまさら僕などが語るまでもないだろう。浴室の富士の絵の複製を番台で売っていたことがあったので、買ってきて家の浴室に貼っているが、銭湯絵師独特のあざやかな青の色彩と達者な筆づかいの風景画をみて湯につかっていると、なんとも清清しい気分になってくる。小

東高円寺駅近くのニコニコロードと松の木。

中央線ガード下風景。

杉湯の待合室はギャラリーとしても貸出されていて、ここで僕は作村裕介君の絵と出合った。彼とはその後、僕が発行管理人をつとめる美術同人誌『四月と十月』の同人として一緒に活動するようになった。

「一徳」は、もつ焼きと水餃子、刺身、ハムカツなど、実に気の利いた小皿を出す気安い酒場だ。マスターの木下さんは最初に店に行ったときから、いい声の人だなと思っていた。あるとき、バンドでヴォーカルをやっていると知り、ライブで歌ったという「赤いスイートピー」の録音テープを聞かせてもらったことがあった。焼酎をあびせて煙でいぶしたような太い声で歌う赤いスイートピーは、黄昏れた男の叫びのように、胸に響いてくる。ここでのんでいると、どうしてもその声が聴きたくなってきて、木下さんにお願いすると、「またか」という困った顔をしながらも、カセットレコーダーにテープをさしてくれる。

この店の壁に「酔うてこおろぎと寝ていたよ」という山頭火の句が貼ってあ

家からよく散歩に出かけた新井薬師にある木。

り、ホッピーを二本ばかり空けて、酔っぱらってくると、この句をつぶやいてみたくなる。僕も、これまで何度か泥酔して空地や商店街の片隅で寝たことがあるのだ。

一徳を出ると、駅前を歩いて「唐変木」のある地下へと続くうす暗い階段に吸い込まれていく。この店へたどり着くころにはかなり酔っぱらっているから、ママは、そういうひどい状態の僕しか知らない。キープしてあるサントリーホワイトのボトルと炭酸をもらって、チーズとクラッカーを注文する。ほかにも、焼きそばとかピザなどのメニューがあるが、これしか注文したことがない。壁の棚にはいろいろなレコードがあって、たのむとママがかけてくれる。この店の空間で聴くキース・ジャレットの「ケルン・コンサート」は最高だ。よくリクエストをするのだが、途中で眠って最後まで聴いたことがない。「もう帰んなさいよ」とママに起こされて、ふらふらと店を出ていく。

甲府でのんで、絵を描く

一泊分の着替えをカバンにつめ、朝八時半に家を出て、中央線の各駅停車を立川駅で特急「かいじ7号」に乗り換え、十時すぎには甲府駅に着いた。いつものごとくお湯につかって、酒をのむつもりだったが、この日は絵を描こうと、大きめの画帳と水彩絵具もかかえていた。温泉公衆浴場があり、葡萄畑のなかに葡萄酒の醸造所があり、甲斐駒ヶ岳のふもとにウィスキーの蒸留所があり、日本酒の酒蔵もあって、当然のことながら、それぞれの酒をのむためのうまい料理を出す店があるというのだから、甲府は、まほろばのような場所である。

到着すると、電動自転車で荒川の広々とした気持ちのよい土手を走り、草津温泉まで行った。ここでのんびりと露天風呂につかり、浴室内の水風呂と熱い湯を交互に入るのを繰り返し、体をゆるめて、酒をのみ、絵を描くために体調をととのえる。

自転車を宿に返して、まずは大好きな「どてやき下條」へ行って、もつの串を煮込んだのを肴にビールをのんだ。僕は甲府でのむとき、どうしてもこの店を素通りできない。そのあと「くさ笛」で、地元の味噌屋を営む五味君と待ち合わせて、本格的にのみ始める。ここは、酒のことをよく書くライターの大竹聡さんから教わった店で、太田和彦さんも来られるという名店。開店は日本で初めてのオリンピックが開催された昭和三十九年。このあたりの小路はその時代の面影がいまも色濃く残っている。着物に白いエプロンの女将さんの姿も、またそうである。十人も入ればいっぱいになるカウンターだけの店で、女将さんがいい感じでお客をあしらいながら料理をこしらえている。お酒のための気の利いた料理がそろい、棚に日本酒の一升瓶にまざって葡萄酒が並んでいるのがいかにも甲府の酒場らしい。豆腐の上にマグロのすり身をのせた名物「どっこ」をもらい、コップ酒で五味君と乾杯。

「なんで、どっこって言うか知っている」

割烹着で忙しそうに立ち働く女将さんが、そう聞くのでしらないと首をふると、

「おかあちゃんがね、どっこいしょって豆腐の上にまぐろをのっけるからよ」

冗談とも、本当ともわからなかったが、どちらでもよい。僕らはゲラゲラ笑って、コップ酒のおかわりをつづけた。春になるとこの店では、女将さんが山で摘んできた山菜を食べさせてくれる。

古めかしいビルの間に横丁がいくつもある趣きを僕は以前から描いてみたいと思っていた。「くさ笛」を出ると、横丁の暗がりに灯る、薄暗い明かりをたより

に、酔ってふらふらしながらイーゼルを立て、水彩画を描いた。

そのあと三軒目の酒場で描きあがった絵を見てみると、赤い絵の具がにじむ得体のしれないものが描きあがっていた。最後に「G・G Bar」という五味君おすすめのバーへ行って、たしか、ジンベースのミリオンダラーというカクテルを注文したと思う。ヴェテランのマスターがつくるカクテルは絶品だった。が、驚くことに、このバーでは何を注文しても一杯四百円なのだ。どうしてこんなに安いのかと、マスターに聞くと「パッとしないからね、こういう店でもつくったら面白いんじゃないかなと思って」なんて言うのだ。

翌日、早くに目が覚めて、ホテルの窓からのぞくと、空がほんのりと焼けていた。この朝の光がいい。僕は画具をかかえてホテルを出て、白い息を吐きながら城跡のてっぺんまで歩いていき、甲斐駒ケ岳を描いた。手袋をしてなかったので、指が凍りそうなほど冷たくなって、描きながら何度も息をふきかけたり、ズボン

のポケットであたためたりしていた。すっかり体が冷えたので、描きおえて喜久乃湯へ行く。ここは朝十時からやっている。湯につかって、しばらく休憩室で寝ていた。

そして、旅のしめくくりに一駅隣の善光寺駅そばの「豊鮨」へと向かった。ちらし鮨をひとつもらって、アタマを肴にコップ酒を二杯。旅先での昼酒は、実に愉快だ。甲府は海がないが、古くから川で静岡とつながっていて、いい魚介が入ってくるのだ。この鮨屋の大将の隣に立つ息子さんはフランス料理をつくって出す。細長い店の左側は、すし屋、右側は、ワインが並ぶフランスの居酒屋という構造になっている。ちらし鮨を食べ終えると、フランスの方も気になって、豚肉のパテでおすすめの葡萄酒をいただいた。これが格別だった。自家製だという粒の大きなマスタードのぷつぷつした食感がたまらない。葡萄酒のおかわりを続けるうちに帰りの切符を払い戻して、もう一泊しようかと迷っていた。

中原蒼二さんのこと

僕がまだ美術大学の学生だった頃、表参道の教会で行うチャリティー演奏会のために募金箱をつくるアルバイトがあった。小鳥の巣箱に彩色をした募金箱を欅の並木に取り付ける作業をしていたとき、黒い背広にネクタイ姿の主催者がやってきた。それが、中原さんとの出会いだった。

うるさそうなおじさんだと思った僕は、出来るだけ目線を合わさないようにして早く終わらせようと黙々と作業を続けていたのだが、いつの間にか当時話題になっていた現代美術家たちの話題になり、急速に打ち解けたように記憶している。

以来、中原さんの東北沢の自宅で行われる食事会にたびたびおじゃまするようになった。

中原さんの家では、床に置かれた黒く細長い台の上に料理が出てきて、招かれた客たちはそのまわりにあぐらをかいて座った。中原さんは木箱ごと買ってきた安価なチリワインを片っ端から空けてがぶがぶのみながら、

「結局、これが一番うまいんだよな」

と、照れくさそうにしていた。大酒のみで、昔居酒屋をやっていたという中原さんの料理は格別で、酒をのむのに、これ以上のものはないと思えるような料理を作ってくれた。さっぱりとした上品な味の東坡肉も、ほうれん草入りの手打ち麺のスパゲティも本当においしかった。そして、酔うと、かならず前衛舞踏家の土方巽《ひじかたたつみ》のビデオをかけるのだった。

お酒のさそいの電話があるのは、だいたいその日のお昼頃である。

「今日、どうですか」

「はい。何時からですか」

ただそれだけの短い会話で、僕はやりかけの仕事をとり片付け、一升瓶を一本さげて、夕刻、中原さんの家へと向かった。何のための酒席だとか、他に誰が来るだとか、そんな野暮なことを聞いたことはない。互いに会って酒がのめれば、それで十分なのであった。行くとたいがい十名ほどの客がいて、出版関係、演劇関係、建築家、ダンサー、タクシー運転手などいろいろな人たちがいた。評論家の四方田犬彦さんやピアニストの山下洋輔さん、舞踊家の田中泯さんなどの著名な方がいたこともある。仕事などで、どうしても都合がつかず行けないこともあって、二、三度続けて断ったりすると、「どうぞ、仕事してください」などとあきらかに不機嫌になって電話を切った。その大人げない態度が、僕には好ましかった。

中原さんの仕事はプロデューサーで、どんなことをしているのか詳しく聞いたことはなかったが、「都市デザイン研究所」という事務所をつくって、都市計画の手伝いのようなことをやっていたのではないだろうか。出版も手掛けていて、事務所の壁は膨大な本で埋めつくされていた。他に、都内の百貨店の広告や、電気メーカーの広報の仕事もやっていたようだ。現在僕が編集委員としてかかわっている北九州市の情報誌『雲のうえ』は、中原さんが北九州市から招かれて、しばらく市役所勤めをしていたときに立案、プロデュースをしたもので、取材で帰倉すると一緒によくのんだ。台湾料理店や鮨屋でひとしきりのんで、しめくくりにバーへ行くと、中原さんはそのあと必ず「どんぐり」という安居酒屋へ行こうと言う。どうもオーセンティックバーで気取ってカクテルなどのむのが苦手なようだったが、実際、似合わないなと僕も思っていた。どんぐりは中原さんが酔っぱらって、大声で駄法螺を吹いていても聞き流してもらえる気安い酒場だった。身に

（左）鎌倉の立ち呑み酒場「ヒグラシ文庫」のチラシ。
（右）北九州市情報誌『雲のうえ』創刊号。

まとわりついたバーのかしこまった空気を脱ぎ捨てるかのように、そこで酔いつぶれるまでのんだ。僕はそういう中原さんの酒への向き合い方が好きで、いつしか僕にとって、酒の師匠というにふさわしい存在になっていた。

市役所での仕事を辞めてからは鎌倉に移り住み、地元で「ヒグラシ文庫」という立ち呑み酒場をはじめた。僕は頼まれてこの店の看板とチラシを描いた。しかし本業は、「水族館劇場」というテント芝居のプロデュースの仕事だった。案内されて観に行ったことがあるが、この劇団の芝居は、最後に大量の水がテントの上から落ちてきて、舞台が水浸しになるというのが見どころであった。唐十郎のテント芝居を意識していたと思う。この劇団は、あっという間に話題になった。また、立ち呑み酒場の方も、レモンサワーと料理が評判となり、いつ行っても店の外まで客があふれるほど混みあっていた。晩年、中原さんは、この店で出す料理を『わが日常茶飯』という本にまとめ、これは僕の酒の肴づくりのバイブルとなっている。

鎌倉に住むようになってからも、横浜や東京の酒場でよく会った。中原さんが連れて行ってくれる酒場は、どこも本当に素晴らしかった。「な、いい店だろう」と言葉にはしなかったが、そう言われている気がした。そして、いつでも、つぶれるまでのんだ。

そうしたある日、中原さんから、病気になったと電話があった。おそらくかなり動揺していたにちがいない、いつも短い電話を、なかなか切ろうとしなかった。

「医者が俺に酒をやめろと言うんだよ。誰に向かって言ってんだよ。なぁ」

治療を続けていたが、余命数か月になったと知らされ、僕は、鎌倉へ会いに行く。もしかしたらこれが最後になるかもしれぬと思った。駅前のそばやで、いろいろな懐かしいことを話しながら、僕はいつも通り酒をのんだが、中原さんはもう体が小さくなって、コップ一杯のビールものめなくなっていた。医師には酒をとめられていたはずだが、ビールをなめながら僕の酒に付き合ってくれていた。

二人の間に、酒がないなどということは、ありえないのである。いろいろな想い出をひとつひとつたどり、ゆっくりと時間を気にせず話をした。そのあと、駅前のタクシー乗り場まで見送ったとき、僕らは知り合ってはじめて握手をした。こんなことはお互い照れくさくてやったことがない。ドアが開いて乗るとき、中原さんは、ふと足を止め、突然、「僕はこれまで牧野さんに、嫌な思いをさせられたことは、一度もありませんでした」と、まじめな顔をして言うのだった。その顔を見て、僕は、ただ涙をこらえた。そして、これが最後になった。

葬儀はなく、遺骨は遺族によって海へ散骨されたと聞く。何故だか僕は、悲しみという感情にどうやって溺れたらよいのか、知らない。ただ、心に大きく、ぽっかりとできた穴を埋めることができなかった。しかし、生前、もらったCDのなかの、中原さんが作詞をした「さびしい時には……」という歌をかけたとき、とめどもなく涙があふれてきて、とまらなくなった。

亡くなってから数年たった頃だった。ある日、北九州市役所に僕宛の一通の手紙が届いた。室蘭に住む中原さんのお姉さんからのもので、生前の付き合いのお礼が書かれていた。姉がいたとも聞いたことがなかったので、僕はずいぶん驚いた。中原さんは折にふれて、お姉さんに手紙を書き、『雲のうえ』を送り届けていた。お姉さんは、巻末に僕が書いた追悼文を読んで、思い切って手紙をくれたらしい。しばらく手紙のやりとりが続き、どうしてもお姉さんと会ってみたくなって室蘭まで行った。

そのとき駅の改札で会うと、すぐにお姉さんだとわかった。

「そっくりですね」

はじめて会った気がせず、失礼ながらそう言うと、お姉さんは、照れくさそうに笑った。その日、ご自宅で、北海道時代の中原さんのことを聞いたり、東京からお姉さん宛に送られた手紙を見せてもらったりして、手料理と北海道の葡萄酒をいただいた。食事を終えると、お姉さんがオカリナを吹いた。ああ、こういう気づかいも、中原さんとそっくりだ。そう思いながら、僕は聴いていた。

お風呂のこと

泰山木《たいさんぼく》の枯れ葉に「ごんげん湯」と墨書きしたのを、風呂場の入り口に細釘でとめてある。

「ごんげん」というのは、妻の実家である秋田の県南の権現山のことで、畑ごしにこの山がそびえる景色は彼女の想い出の景色だ。東京で暮らしながらも、ときどき故郷へ思いを馳せて、のんびりと湯でくつろいでほしいと家の風呂にそんな名前をつけてみた。頂上が三角に尖っていて、そこには社が祀られているらしい。ゆるやかな稜線をもつこの山を、僕はなんどか描いたことがある。堂々としていて、眺めているだけで心がどっかりしてくる。

浴室の壁には、高円寺の小杉湯で買った銭湯画の複製を貼っていて、これは南伊豆の砂浜から駿河湾の松原ごしにのぞむ富士が描かれたものだ。窓をあけて湯ノ花で白濁した湯につかり、この絵を眺めていると、どこか温泉宿の湯にでもつかっているような、くつろいだ気分になってくる。

仕事が一段落して気分のよいときなど、湯船のなかでちょっと「箱根八里」など口ずさみたくなるが、途中で歌詞がわからなくなる。それがどうももどかしいので、あるとき富士山の隣に書いて貼っておくことにした。

「箱根の山は天下の険。函谷関《かんこくかん》も物ならず。万丈《ばんじょう》の山、千切《せんじん》の谷、前に聳《そび》え、後ろに支《さそ》う……」

他にも「浜辺の歌」や「椰子の実」、「埴生の宿」など、湯につかって口ずさみたくなる歌がある。こうして何度も歌っていると、自然と歌詞をおぼえて、お酒のときに空で歌えると気持ちがいい。

お酒の前にお風呂をすませるのが習慣なので、旅先はもちろん、都内に出かけていくときも石鹸とタオルをカバンにしのばせて、酒場と一緒に近くにある公衆浴場も探す。このごろは銭湯がずいぶん減ってしまったので近くにないこともあって、そんなときはタクシーに乗ってでも行く。東京都公衆浴場業生活衛生同業組合が発行する「1010（せんとう）」という都内の銭湯のガイドブックは、僕のような銭湯好きにとってとてもありがたい。僕にとって、お酒とお風呂は、ひとつになっている。

秋田県南の湯沢にある権現山。真冬に雪のなかで描いているとパレットが真っ白になった。

天ヶ瀬温泉の災害支援について

天ヶ瀬温泉は、大分県日田市の山あいにある、筑後川の上流、玖珠《くす》川の川畔に宿が連なる温泉郷で、古くから河原に露天風呂があることで知られている。僕は、その川のせせらぎを聞いて、山々と青い空を眺めて湯につかる開放的な風情が好きで何度か泊まったことがあったが、二〇二〇年の豪雨で壊滅的な被害を被った。テレビで、宿も橋も道路も流されていく映像を見たとき、大変なことになっていると思った。なにか自分が出来ることはないだろうかと考えたが、どうしたらよいかわからない。そんなときに、古くからの友人で、福岡でデザインや広告の仕事をしている梶原道生君から、災害支援活動のためのシンボルマーク制作の依頼があった。梶原君は天ヶ瀬の出身で、すでに地元の仲間たちと街の復興のためのプロジェクトを立ち上げて活動をはじめていた。

天ヶ瀬温泉には古い伝説がある。それは、かつて、川上の村に、傷を治すことで知られる温泉があり、多くの人たちに親しまれていた。しかしあるとき幸吉という男が訪れると、悪い男が湯を独占して入ることができなかった。そのことでこの温泉は天の罰を受け、大水で流されてしまうことになった。やがて、幸吉に薬師如来から下流に新たな温泉が湧いているというお告げがあり、行ってみると、一筋の湯けむりがあがっていた。幸吉はたいそう喜んで、そこにあった仏の形をした石を、この湯を守ってもらうために山の上に祀ったというものである。

この話は、天ケ瀬温泉のはじまりとして天ケ瀬町の風土記などに記され、今もその仏の形をした苔むした石が、この温泉地を見下ろす山のなかに祀られている。

天ヶ瀬温泉の町の人たちは、昔から、大水が起こるたびに復興し、河原に湧くこの温泉を守りぬいてきた。そしてこの伝説に学び、自然の風情豊かで人の心を癒すこの湯を自分たちだけではなく、他の多くの人たちに利用してほしいと願っている。復興まで何年かかるかわからないが、それまで地元のみんなが心折れたり、つまらぬことでいさかいを起こしたりせぬように、見守っていてほしいという願いから、この石仏を復興のシンボルにすることが決まった。梶原君からその石仏の写真が送られてきて、さっそく絵にとりかかったが、描くにあたって「温泉マークに湯仏を重ねたような絵はできないか」「マスコットキャラクターとして広く愛されるようなものにしたい」といった要望があった。当然ながら、被災地はつらいことだらけである。しかし、復興の手助けをしてもらうために、その大変さを伝えるだけでは、多くの人にふり向いてもらえないだろう。被災地への同情には限界があり、やがて多くの人たちに忘れられていくにちがいない。いまはつらいけれども、長い目で見て、関心を持ちつづけてもらうために明るく、人を楽しませることのできる絵にしよう。僕らは、そんな話をして、復興のシンボルマークの絵を考えた。

甲府の温泉銭湯

甲府へは、家を探しに通っていたことがあった。僕は、昔旅した南仏の風景に甲府の葡萄畑を重ねて、のどかな農村で絵を描いて暮らしてみたいと考えていた。それまでは、甲府のことはほとんど知らなかった。信州に旅するときに通過する街でしかなかった。しかし、家を探しにたびたび通ううちに泉質の異なる温泉銭湯がいくつもあり、魅力的な酒場が多くあることを知った。結局、移住はしなかったが、その後、たびたび遊びに行くようになった。温泉銭湯は午前中からやっているので、いつも朝ふらりと思い立って、電車を乗り継いで行く。

十月、久しぶりに甲府で一泊して遊んだ。遊ぶといっても、ただお湯につかって、酒をのむだけである。到着すると、いつものように駅前の武田信玄像に挨拶をして、「六曜館」へモーニングを食べに向かう。蔦のからまる建物の一階にあるこの喫茶店で振り子時計の音を聴いていると、ああ、甲府へやってきたなと思う。静かに、カチコチ、カチコチ……。壁も柱も、椅子も食器も、店全体が骨董品のようである。

宿で電動自転車を借り、山手へ向かって「喜久乃湯」へと走っていると、坂道のてっぺんから甲府盆地を囲む山のむこうに富士山が見えた。喜久乃湯は新婚時代の太宰治が通った湯として知られるが、下足箱も浴室のタイルも当時のままである。浴室の中央にある瓢箪形をした湯船がとてもユニークで、掛け流しの湯があふれ、奥にサウナと水風呂もある。体を沈めて、庭の樹木の隙間からゆらゆらともれてくる陽ざしを眺めていると、だんだんと旅の気分が高まってくる。この湯では、九百円払うと二階の広間が利用でき、一日何度でも湯に入ることができる。湯から上がって、そこでしばらく横になっていると、うとうととしてきた。

そのうちお昼になり、近所の鮨屋から出前をとって、駅の売店で買っておいたワンカップの葡萄酒をあけた。ふだんは昼酒などのむことはないが、旅先ではよくやる。なにしろ、このあとは酒場へ行く以外に何もすることがない。明日も、ない。

喜久乃湯の近くの御崎神社に太宰治が湯上がりに腰かけて煙草を吸ったという石が、いまもそのまま残っており、以前、宮司さんに案内されてその石に座ってみたことがある。甲府へ来ると、この神社へ寄って、手を合わせる。土地の神様への挨拶をすませて、自転車を宿に返して、「くさ笛」へ行く。

まずはビールを一本、それから「ツボ」があるというのでもらう。ツボというのは稲刈りが終わるころに田んぼで獲れる大きな巻貝のことで、甲府では昔から食べられてきた。爪楊枝でほじり出してビールをのんでいると、女将さんが、おすすめを一皿出してくれた。ビールをのみほすと、甲府の地酒「太冠《たいかん》」のひやをコップについでもらってのんだ。この酒は南アルプスのやわらかい伏流水でつくられる辛口。この店では、いつもこの酒をのむのだ。

くさ笛を出てから、もう一軒。古いビルの地下街の、まわりの店が閉店して暗くなった通路に、ただ一軒明かりを灯すバー「馬酔木」へと向かう。知らなければ、こんな暗い階段を降りていくことはないだろう。白いバーコートを着た高齢のマスターは、お元気だった。腰をおろして、ダークラムを一杯もらう。居酒屋からバーへやってきて、こうしてのむハードリカーは、うまい。二杯目は何を頼もうかとウィスキーのボトルを眺めていると、隣の席にご常連がやってきてニコラシカを注文する。ニコラシカ。ああ、そういう手があったかと、僕も真似をしてそれをもらうことにした。小さなリキュールグラスにブランデーをなみなみ注ぎ、輪切りにしたレモンをかぶせ、そこに砂糖をぽこんとのせてある、その姿がなんとも可愛らしくて、好きなのだ。輪切りのレモンと砂糖を口のなかでかみつぶし、レモン汁が砂糖の甘みと混ざりあったところで、一気にブランデーを口の中に放り入れてのむ。ふううむ、たまらん。よし、今宵は、ひとつ大いにのもうと調子づいて、今度はウィスキーをオンザロックでもらう。

翌朝宿酔いを心配したが、それほどでもなかった。電動自転車で荒川の土手を走って「草津温泉」まで朝湯にいく。ここは朝六時からやっていて、平日でも早朝から地元の人たちが次々とやってくる。市内の温泉銭湯は、どこも源泉掛け流しで、それぞれ泉質が異なっているが、草津温泉の湯は少し緑がかっていて、喜久乃湯よりも濃い。もうひとつよく行く「新遊亀温泉」は、湯は褐色で、さらに濃い。つかると肌がつるつるしてくる。街なかに、こんな温泉がある甲府の人をうらやましいと思う。草津温泉の露天風呂でよしず上にひろがった、透き通るような青空を見ていると、朝ごはんを軽くしていたせいか、腹がへってきた。さて、どこへ食べにいこうかと、いくつか店を思い浮かべてみたが、このまま湯につかっていることにする。なにしろ、何もすることがないのである。

あとがき

さしたる目標もなく、東京の片隅で絵を描いて暮らしていると、ときどき新聞や雑誌に絵や文章を書かせてくれる人がある。たいがい内容は、旅や食べもの、あるいはまた、なんでもかまわないという場合もある。そのために編集者や写真家と一緒に取材旅行に出ることもあれば、ひとりでぶらっと出かけることもある。また、どこへも行かず、あれやこれや想い出をたどって書いたりもする。そういうものが、だんだんたまってきて、今年、還暦になるのを節目に本にまとめたいと思っていた。そんなある日、京都で「ｎｏｗａｋｉ」という画廊をやっている友人の菊池美奈さんに相談したところ、たまたま亜紀書房の斉藤さんが僕の本を作りたいと言っているという。それで紹介してもらうことになり、その原稿の山を渡した。去年の夏のことだった。この本は、そのとりとめのない原稿を斉藤さんが分類して編み、その後、手を加えたものだ。

読み返してみると、旅にしても、何をするにしても、なにかふらふらと寄り道やまわり道ばかりしている。これは、絵の具と筆という、アナログな世界にいる絵描きの性分なのかもしれない。

僕の描く絵は、輪郭がぼんやりとあいまいで、擦れていたり、にじんでいたりするものが多い。どうかすると、ただよろめいているような絵もある。じょうずに描こうとすればするほど自分の感情から遠のいてしまうので、なんとかしてへたに描こうとする。あいまいでいい加減に描く方が、絵に広がりがあって、自然なことであると思っているし、まっすぐとした汚れのない線よりも、曲がっていたりほころんでいたりしている線の方が、しっくりとくる。そもそも絵の「うまい」と「へた」の違いは、何だろう。わからないが、僕は「へた」の方を面白がっているように思う。それでこの本に、「へたな旅」という名前をつけてみた。

思えば七ツ釜で海辺をうろうろして、食堂でのんびり晩ごはんを食べているうちに帰りのバスを逃してしまい、なんとかヒッチハイクしたダンプカーに鉄道駅まで送ってもらった初めての一人旅から、すでに「へたな旅」をしていた。初めて海外旅行で訪れたペルーでは、初日からホテルもとらず、予定もたてず、ただ飛行機に乗ってふらりと出かけ、あてもなく街をぶらぶら歩いて食べた屋台のセビーチェにあたって、一週間ばかりホテルで高熱にうなされていた。また、マダガスカルでは、早朝、ジェンダルメリーという警察と軍隊が一緒になったような組織の旧フランス植民地時代の宿舎に心惹かれて描いていると、二頭の番犬がとび出てきて、崖から大木のてっぺんめがけて飛び降り、パチンコの玉のように木の間をくるくる落ちて血だらけになった。こういうのは、へたどころか、危険な旅だった。しかし、どういうわけか、うまくいかなかった旅のことの方が、ふり返ってみたとき面白く思えるのは不思議なことである。
最後になりましたが、本の構成をしてくださり、大幅な原稿修正のご対応をくださいました亜紀書房の斉藤典貴さんと、装丁の横須賀拓さんに、心より御礼申しあげます。

令和六年九月　日田へ向から日に

牧野伊三夫

日田のきこりめし、いかだすし
　　「POPEYE」2016年8月号（マガジンハウス）

鰊みがき弁当　「ku:nel」2020年5月号（マガジンハウス）

懐かしのマルタイラーメン
　　「雲のうえ」35号、2022年（北九州市にぎわいづくり懇話会）

直角のコハダ　個展会場掲出物　2022年

三つのお店のこと　「POPEYE」2017年12月号

池波正太郎ゆかりの上野、浅草を歩く
　　「ノジュール」2023年11月号

ある日の立石、赤羽
　　「肉ノート――極上肉の名店ガイド115」
　　（東京カレンダーMOOKS）

大黒屋のこと　「dancyu」2017年7月号（プレジデント社）

銀座のバーのサンドウィッチ　「食楽」2021年10月号（徳間書店）

「牧野めじろ園」と高円寺の街
　　シアター・コミュニケーション・マガジン
　　「座・高円寺」26号、2021年

甲府でのんで、絵を描く　「食楽」2023年4月号

中原蒼二さんのこと
　　「『わが日常茶飯』リーフレット」2018年（中原蒼二、星羊社）

天ケ瀬温泉の災害支援について
　　「川と湯のまち天ケ瀬温泉未来応援プロジェクト」
　　2021年（一般社団法人あまみら）

甲府の温泉銭湯　「ノジュール」2021年12月号

＊収録にあたり改題し、加筆・修正をしています。
上記のもの以外は書き下ろしです。

初出一覧

出発の日　「なな」5号、2022年（九州旅客鉄道）

時刻表　「自由時間手帖web」2018年（九州旅客鉄道）

ふらり、甲府まで　「ノジュール」2020年2月号（JTBパブリッシング）

松本を想う　「工芸の五月」14号（工芸の五月実行委員会）

きゅうりと、なすは、ともだちです
　　「暮しの手帖」第5世紀12号、2021年（暮しの手帖社）

かわりゆく富山の街で　「暮しの手帖」第5世紀20号、2022年

金沢の、椅子ががくがくするホテル
　　「旅する本の雑誌」2018年（本の雑誌社）

上井ヶ浜のバンガローで壁画を描く　「旅する本の雑誌」

避暑地と湯治場 ふたつの雲仙　「なな」6号、2023年

小濱鉄道跡をあるく　「なな」6号

霧島連山のふもと えびの駅の、田の神さぁ　「なな」4号、2021年

おうだーメイド　「なな」3号、2021年

作家が長逗留した宿を訪ねて　「旅する本の雑誌」

憧れの缶詰　十勝毎日新聞　2022年9月18日

湯町窯の画家を訪ねる　「暮しの手帖」第5世紀4号、2020年

マダガスカルの麦わら帽子
　　「Weeksdays　ITO Masako＋Hobonichi」
　　2023年6月7日（ほぼ日刊イトイ新聞）

だらだら鍋　暮しの手帖別冊「暮しの手帖のクイックレシピ」2016年

アサリは、もういないのか　十勝毎日新聞　2024年5月19日

立ち売りの駅弁当　「なな」7号、2024年

郷里、北九州の味　「自由時間手帖web」2018年

著者について

牧野伊三夫（まきの・いさお）

1964年北九州市生まれ。画家。1987年広告制作会社サン・アドにデザイナーとして入社。1992年退社後、画業に専念、絵画や版画作品の制作、音楽家との即興制作などを行い、広告や書籍の絵も多く手がける。銭湯や酒場を訪ねてまわるのが趣味。著書に『僕は、太陽をのむ』（港の人）、『かぼちゃを塩で煮る』（幻冬舎）、『画家のむだ歩き』（中央公論新社）、『アトリエ雑記』（本の雑誌社）、『牧野伊三夫イラストレーションの仕事と体験記1987－2019』（誠文堂新光社）、絵本『十円玉の話』、『塩男』（あかね書房）などがある。2022年度東京アートディレクターズクラブ原弘賞ほか受賞。美術同人誌『四月と十月』同人・発行管理人。北九州市情報誌『雲のうえ』編集委員。東京都在住。

へたな旅《たび》

著　者　牧野伊三夫

2024年11月26日　第１版第１刷発行

発行者　株式会社亜紀書房
〒101-0051　東京都千代田区神田神保町1-32
TEL：03-5280-0261
https://www.akishobo.com/

装丁　横須賀拓
装画　牧野伊三夫

印刷・製本　株式会社トライ
https://www.try-sky.com/

Printed in Japan
ISBN 978-4-7505-1860-2　C0095